LE LIVRE
DES LECTEURS

A BOOK
OF READERS

© les éditions du passage
1115, avenue Laurier Ouest
Outremont (Québec) H2V 2L3
Tél. : 514.273.1687
Téléc. : 514.908.1354

Diffusion pour le Canada :
PROLOGUE
1650, boul. Lionel-Bertrand
Boisbriand (Québec) J7E 4H4
Tél. : 450.434.0306
Téléc. : 450.434.2627

© George S. Zimbel pour les photographies

Conception graphique : Léa Berger, DFI GRAPHIK
Traduction en français : Joanne Gosselin
Traduction en anglais : David Homel
Pages 44, 87, 90, 109 et 132 : reproductions d'extraits
du carnet de notes et de négatifs de George S. Zimbel.

Tous droits réservés.
Toute reproduction, même partielle,
de cet ouvrage est interdite
sans l'autorisation écrite de l'éditeur.

Nous remercions de leur soutien financier
Le Gouvernement du Québec – Programme de crédit
d'impôt pour l'édition de livres – Gestion SODEC
Le Conseil des Arts du Canada

Nous reconnaissons l'aide financière du gouvernement du Canada par l'entremise du Fonds du livre du Canada (FLC),
pour nos activités d'édition, et du Programme national de traduction pour l'édition du livre, pour nos activités de
traduction.

Catalogage avant publication de Bibliothèque et Archives nationales du Québec et Bibliothèque et Archives Canada

Zimbel, George S., 1929-

    Le livre des lecteurs = A book of readers

    Comprend un index.
    Texte en français et en anglais.

    ISBN 978-2-922892-52-9

    1. Zimbel, George S., 1929-   . 2. Photographie documentaire. 3. Livres et lecture - Ouvrages illustrés.
    I. Goldberg, Vicki. II. Laferrière, Dany. III. Zimbel, Elaine A. Sernovitz. IV. Titre. V. Titre : Book of readers.

TR820.5.Z55 2011   779.092   C2011-941280-2F

Bibliothèque et Archives nationales du Québec and Library and Archives Canada cataloguing in publication

Zimbel, George S., 1929-

    Le livre des lecteurs = A book of readers

    Includes an index.
    Text in French and English.

    ISBN 978-2-922892-52-9

    1. Zimbel, George S., 1929-   . 2. Documentary photography. 3. Books and reading - Pictorial works.
    I. Goldberg, Vicki. II. Laferrière, Dany. III. Zimbel, Elaine A. Sernovitz. IV. Title. V. Title: Book of readers.

TR820.5.Z55 2011   779.092   C2011-941280-2E

Dépôt légal :
Bibliothèque nationale du Québec
Bibliothèque nationale du Canada
3e trimestre 2011

LE LIVRE
DES LECTEURS

A BOOK
OF READERS

PHOTOGRAPHIES / PHOTOGRAPHS
George S. Zimbel

TEXTES / TEXTS
Vicki Goldberg
Dany Laferrière
Elaine Sernovitz Zimbel

les éditions du passage

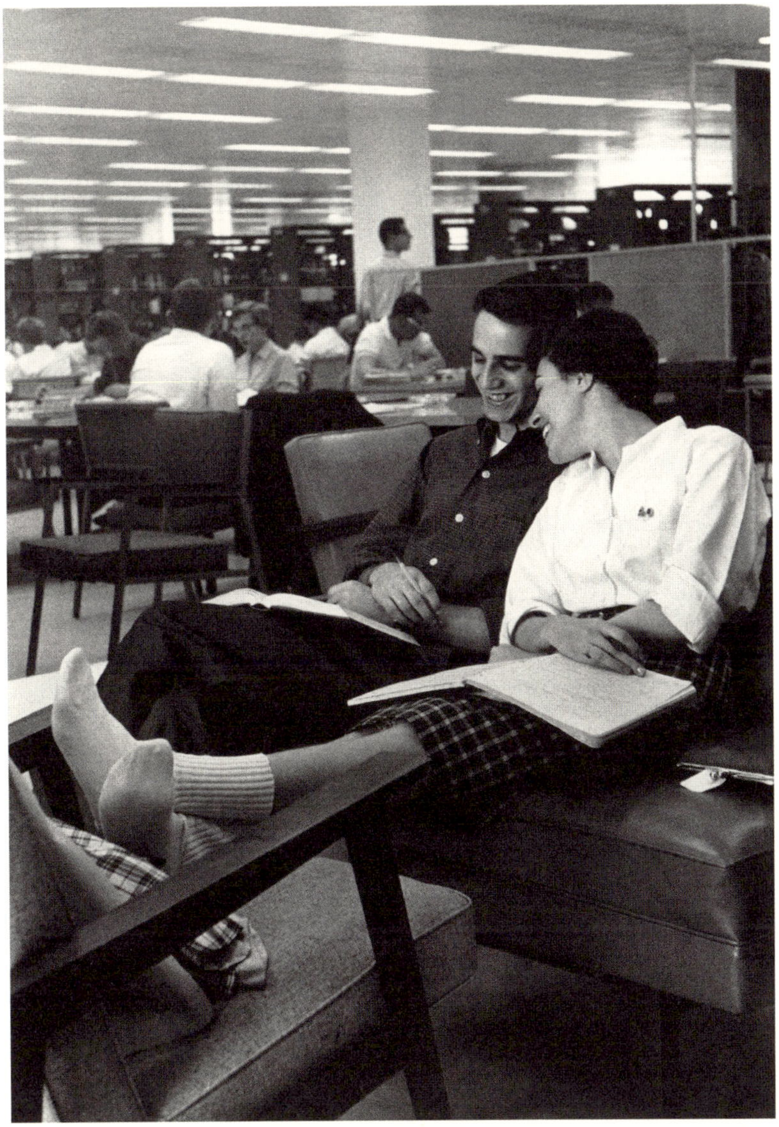

to Elaine

IN Photography, the "real" is more interesting than the "created."

George

LIRE UNE PHOTOGRAPHIE

GEORGE S. ZIMBEL

S'il suffit de 1/100 de seconde pour prendre une photo, en faire la lecture demande du temps. C'est à ce moment que commence le vrai plaisir. La lecture d'une photographie se compare à un voyage. Vous y découvrez des choses qui font ressurgir toutes sortes de bons et de mauvais souvenirs. Votre vie vous sert de référence. Êtes-vous romantique de nature? Êtes-vous une personne sceptique? Aimez-vous les enfants, les belles femmes, les hommes virils, la mode, l'architecture, les paysages, les sports ou les lecteurs? Que cela vous rappelle-t-il?

Une image se rapporte à la mémoire, à toute votre vie. Très immédiate, l'image fait aussi appel à votre passé, à vos sentiments. La plupart des gens regardent une photo et s'imaginent tout de suite savoir ce qu'elle contient. Ce qui n'est pas une mauvaise chose en soi. Cela signifie qu'ils y ont décelé un message quelconque. C'est rapide. Impossible de lire un texte de cette manière... mais, oh surprise!... la lecture d'une photographie ne se fait pas non plus ainsi. Si vous avez un jour la chance d'examiner une photo avec un commissaire d'exposition chevronné, vous serez étonné de ce qu'il est possible d'y observer, même s'il s'agit de votre œuvre.

Un conseil: « Si vous prenez le temps de scruter l'image de haut en bas, d'un côté à l'autre, l'expérience vous plaira. » Ce n'est peut-être pas rapide, mais c'est profond. En somme, une tout autre expérience de lecture.

READING A PHOTOGRAPH

GEORGE S. ZIMBEL

You can take a photo at 1/100th of a second, but it takes longer to read it. Then the fun begins. Reading a photograph is more like taking a trip. You see things that kindle all kinds of memories, good and bad. Your life is the reference. Are you a romantic? Are you a skeptic? Do you love kids, beautiful women, tough looking men, fashion, architecture, landscape, sports or readers? What does it remind you of?

A picture is about memory, about your whole life. It's very present, but it's also about your past and about your feelings. Most people look at a picture and almost immediately think they know what's in it. That's not a bad thing. It means they are getting some kind of message. It's fast. You can't do that with a text... but surprise... you can't do that with a photograph either. If you ever have been lucky enough to look at a photo with an experienced curator you will be amazed at what they see, even if it's your work.

My advice is "If you take the time for your eyes to scan top to bottom, side to side, you will enjoy the experience." It's not fast, but it's deep. It can be a new experience in reading.

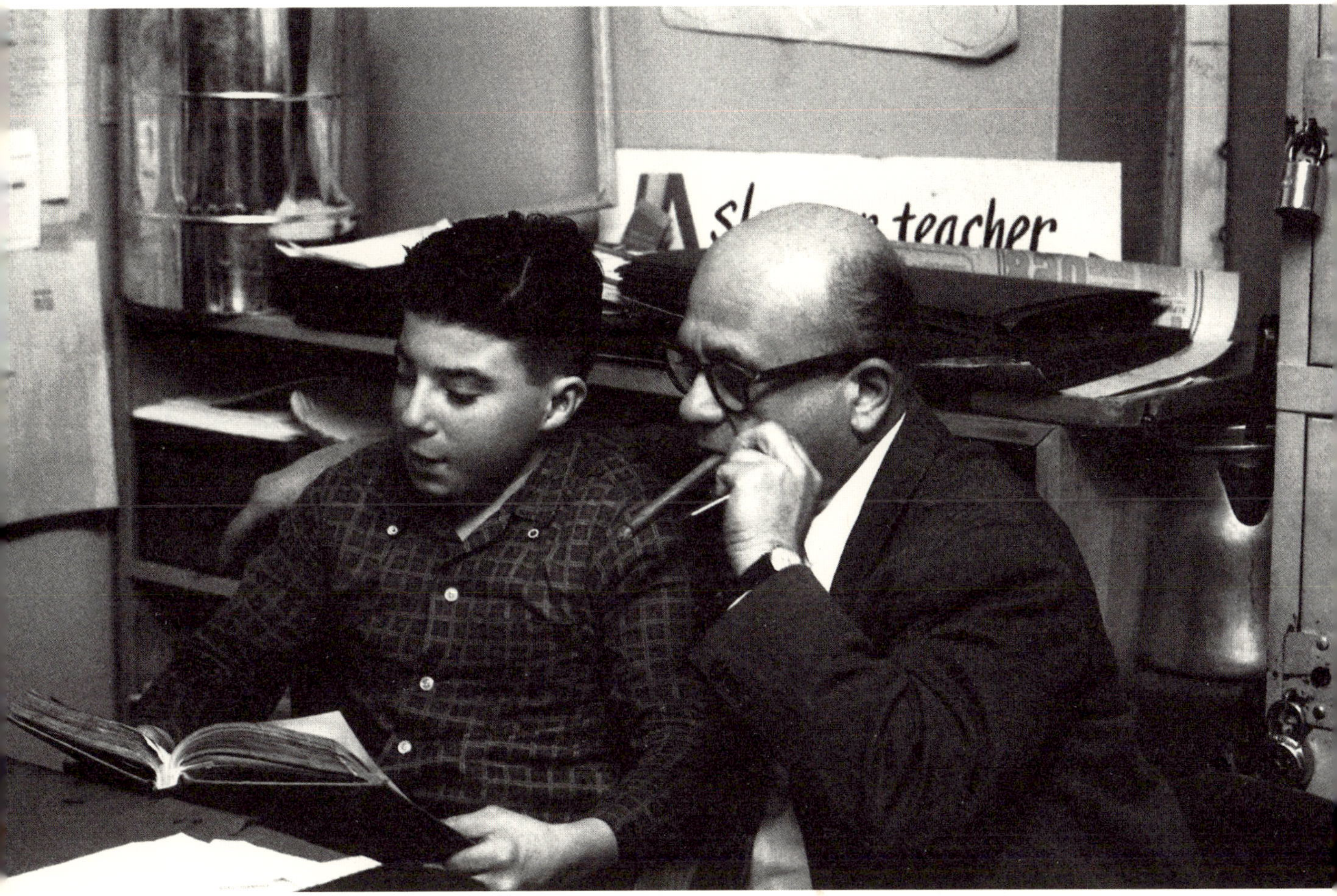
teacher

CHER LECTEUR

VICKI GOLDBERG

George Zimbel est un lecteur fervent. À un âge où il était encore trop petit pour traverser la rue tout seul, sa mère l'aidait à franchir la chaussée avant de l'envoyer comme un grand dans ce monde merveilleux des livres qu'est la bibliothèque. À l'université, à la fin des années 1940, il lisait souvent jusqu'à 2 h du matin – et il a commencé à photographier des lecteurs. « Mais c'est lors de mon premier séjour à Paris, en 1952, que j'en ai fait une pratique sérieuse. Il y avait partout des gens qui lisaient, même la nuit dans la rue. Cela correspondait à l'idée que je me faisais de Paris à titre de centre culturel du monde », dit-il. À propos de ses propres habitudes de lecture nocturne, il explique : « Je crois que c'est parce que ma mère avait coutume de s'installer le soir dans le salon près de la fenêtre pour lire à la lumière du lampadaire afin d'économiser l'électricité et de l'argent. Mais lorsque, pour cette même raison, le maire a décidé l'extinction des lampadaires à 22 h, elle a bien été obligée d'utiliser la lampe du salon. » (Je compatis : quand j'étais petite, mon père m'a souvent mise en garde du danger de lire en descendant l'escalier ; mais je m'en fichais.) Zimbel est toujours un lecteur fervent. Toutefois, lorsqu'il se plonge dans un livre, il s'y absorbe à tel point que cela fait baisser son quotient de sociabilité d'un seul coup. « Vous n'avez qu'à demander à ma femme », offre-t-il comme preuve.

C'est à l'université qu'il a commencé à photographier des lecteurs, et il a poursuivi aux États-Unis, en France, au Canada (où il s'est établi en 1971 avec sa femme et ses enfants pour protester contre la guerre du Viêtnam et répondre « à l'appel pressant du retour à la terre »), puis en Angleterre et en Espagne. Plus rapidement qu'un ornithologue amateur ne reconnaît une fauvette, il arrive à repérer un lecteur partout où l'on puisse trouver un individu le nez dans sa lecture : au restaurant, sur le trottoir, derrière une fenêtre, dans une file. « Encore aujourd'hui, mon index frémit dès que je perçois ce lien entre un lecteur et un livre, dit-il. C'est un si beau moment. Comme j'ai tellement pris de photos de lecteurs dans les années 1950, les éditeurs m'ont demandé d'en prendre d'autres. Les nouvelles photographies dégageaient la même atmosphère que les précédentes. Je ne sais faire autrement. » Dans les années 1960, ses missions – pour le laboratoire d'installations éducatives de la fondation Ford et pour la Commission d'examen d'admission aux études supérieures – comportaient la visite d'écoles à travers les États-Unis, ce qui offrait à son regard vorace un grand nombre de lecteurs.

Fin observateur de l'éphémère, Zimbel apporte à cette chose qui s'appelle la vie une réponse vive, immédiate et, lorsque pertinent, pleine d'esprit ou ironique. Il a travaillé pour le *New York Times*, *Look*, *Redbook*, *Parents* et *Architectural Forum* – ce qui montre toute l'ampleur de son registre. Il sait autant saisir des sujets d'actualité, des scènes nocturnes remarquables, que des effeuilleuses et danseuses paradant leurs atouts ; sans oublier l'humour, la mélancolie et les choses simples ou familières que le génie de son Leica, sa pellicule Tri-X et ses yeux de lynx illuminent et rendent précieux. Il nous décrit le passage d'un monde amusant où, manifestement, nous ne risquons rien et nous rapporte les émotions et les faits divers du quotidien que nous aurions autrement abandonnés dans les plaines de l'oubli. Le monde de ses images, et tout particulièrement de ses photographies de lecteurs, est un monde essentiellement bon, bien que Zimbel affirme qu'il n'est « pas quelqu'un de foncièrement jovial. L'espèce humaine est selon moi imparfaite. » Cependant, « j'ai une tendance naturelle à chercher le côté positif des choses, avec ou sans appareil photo. Je raconte toujours à ma femme les choses merveilleuses que j'ai vues au cours de la journée. Peut-être est-ce une façon de contrebalancer ce que je sais du monde. »

Il a atteint l'âge adulte après la Deuxième Guerre mondiale, au moment où les États-Unis profitaient du confort de la technologie et de l'industrie triomphantes, des villes trépidantes, et de la certitude que toute cette abondance allait perdurer. À peine dégagée des décombres, l'Europe était occupée à se reconstruire, et à tenter de reconstituer des existences normales. Sur les deux continents, l'humanisme était dans l'air et la subjectivité gagnait du terrain dans tous les arts : les photographes documentaires renonçaient à leur objectivité proverbiale, reconnaissant le rôle des sentiments et de la personnalité dans leur travail. L'évidente et indéniable sympathie de Zimbel pour ses sujets, son apologie de la comédie humaine et son optimisme irrésistible s'accordaient au goût de l'époque.

Néanmoins, dans les années 1950, le désenchantement et le malaise commencèrent à poindre dans une société de consommation satisfaite d'elle-même. Les beatniks hurlaient, les sociologues grommelaient, et la photographie semait la pagaille. Bien que Zimbel soit revenu sur l'isolement et l'aliénation de la métropole surpeuplée et ait déploré ses franges miséreuses, ce ne sont pas de tels sujets qui remplissaient ses journées. Il ne dépeignait pas les États-Unis sous un angle visiblement dysfonctionnel comme le faisait son grand ami Garry Winogrand, ou sombre et prescient ainsi que le montrait Robert Frank, ou aussi âpre et explosif que William Klein le présentait. C'est autre chose que son regard retenait.

À l'instar de Zimbel, Winogrand, Frank et Klein étaient des photographes de la rue, toujours sur le qui-vive, attentifs au moindre frémissement de vie le long des trottoirs. Alors que les trois autres étaient déterminés à faire voler en éclats les traditions photographiques, Zimbel préférait recourir à ces traditions pour déployer sa propre mesure. Il voyait la rue comme un théâtre, avec son décor cadré par l'œil de l'appareil photo, avec, en vedette, ses acteurs non professionnels et la ville servant souvent de subtile toile de fond. C'était un authentique *flâneur* tel que décrit par Baudelaire : « ... pour l'observateur passionné, c'est une immense jouissance que d'élire domicile dans le nombre, dans l'ondoyant, dans le mouvement, dans le fugitif et l'infini. »[1] Les Français ont, peut-être involontairement, conservé l'héritage de Baudelaire, et l'œuvre de Zimbel s'inscrit dans cet esprit particulier aux photographes français, comme Robert Doisneau, Édouard Boubat (que Jacques Prévert appelait « correspondant de paix »[2]) et Willy Ronis, dont il a probablement vu les photographies lors de son premier séjour

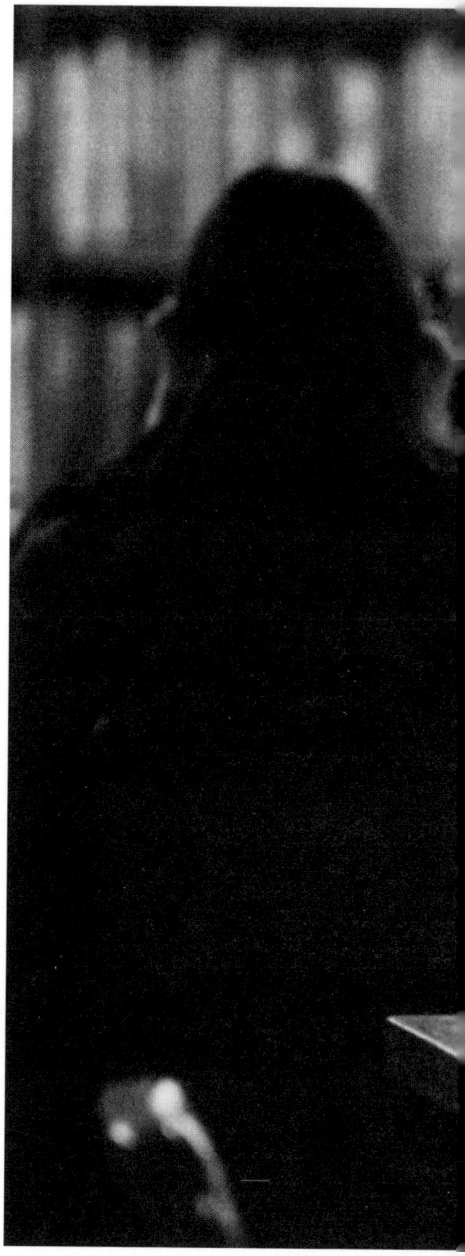

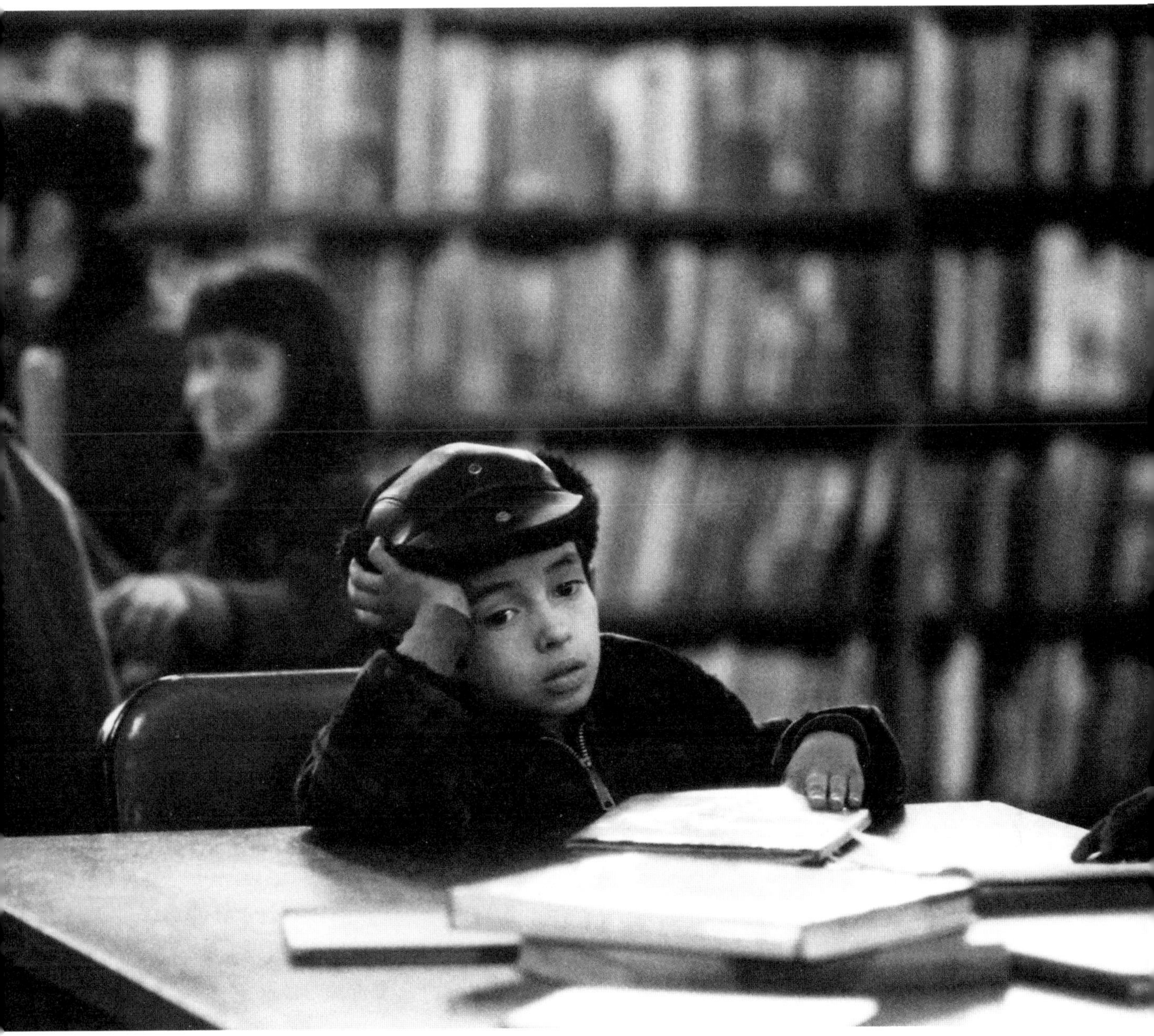

à Paris, en 1952. Ces hommes-là savouraient les moindres circonstances, qu'elles fussent bonnes ou mauvaises, drôles ou ironiques, dès lors qu'ils pouvaient en tirer une bonne photo. Ils se délectaient tous ouvertement de la vie qui filtrait à travers leur ville et croquaient de façon vivante les moments intimes dans la foule anonyme et les juxtapositions incongrues parmi la hâte et l'oisiveté, tout comme le faisait Zimbel.

Publié en 1952, *L'instant décisif* d'Henri Cartier-Bresson a contribué à instaurer le photojournalisme, sinon tout à fait comme un art, du moins comme artistique. Cet ouvrage, d'une influence puissante et durable, a sans aucun doute accéléré le cheminement que certains confrères de Bresson et certains Américains, dont Zimbel, avaient déjà entrepris, en quête d'une approche formelle précise pouvant convertir chacun des instants 35 mm captés en une image éternelle.

À l'évidence, Zimbel se plaît à témoigner de ce qu'il voit, et il le fait avec brio et clarté. Abandonnant les filtres théoriques, il propose toujours une lecture à la fois simple et digne d'intérêt. Il tend à cadrer son sujet au centre ou non loin de celui-ci, là où se pose automatiquement le regard ; ailleurs, sa lumière dirige notre attention. Il accomplit de véritables tours de magie avec son appareil : il fait apparaître des gens dans un miroir convexe ; photographie la vitre extérieure d'une fenêtre, décelant ce qui se trouve de l'autre côté, de même que le reflet des arbres derrière l'objectif ; ou il se glisse dans la descente d'un escalier sombre où lit un garçon assis sur le palier, dans la lumière d'une fenêtre. Zimbel maîtrise tout particulièrement les contrastes intimistes d'une lumière diffuse. Remarquez la silhouette d'un lecteur au loin dans un couloir du métro de Paris où, dans la profonde obscurité qui règne, seuls quelques éclats lumineux miroitent et flamboient ; pourtant, le lecteur, dont le contour se détache tout juste, poursuit sa quête dans un livre.

L'œuvre journalistique de Zimbel a ses moment glorieux : Marilyn Monroe se tenant debout sur une bouche d'aération du métro, avec sa jupe virevoltante qui dévoile sa petite culotte blanche – cette scène étant un peu trop choquante pour l'époque, les autres clichés montrant à peine ses dessous. Arborant de larges et radieux sourires, saluant avec panache dans une décapotable, John et Jackie Kennedy nous rappellent que le geste leur avait si bien réussi qu'ils l'ont repris à Dallas en 1963...

Dans des instantanés d'apparence simple, Zimbel s'adonne souvent à un jeu émotionnel complexe et aussitôt reconnaissable : à la Nouvelle-Orléans, pendant qu'un public masculin écoute attentivement une chanteuse, une blonde séduisante tirée à quatre épingles avec, pour seule – et peu avenante - compagnie, sa cigarette se penche sur le zinc et refuse de regarder le spectacle ; dans une salle de danse irlandaise du Bronx, un jeune homme fait le coq avec suffisance, tandis que les jeunes femmes sur la défensive se resserrent en groupe, incertaines de ce qui les attend. Dans *Le livre des lecteurs*, le coude appuyé sur la table dans une bibliothèque, un petit garçon fixe le vide, saisi par une pensée triste qui s'est glissée entre son regard et le livre ; à l'université Columbia, à New York, un jeune homme lit appuyé contre un mur sur lequel est écrit : « Grayson Kirk, au pied du mur. » (Kirk était président de l'université au moment des émeutes à la fin des années 1960, lorsque les étudiants ont occupé son bureau ainsi que tous les édifices du campus dont ils ont pu s'emparer. « Au pied du mur » – qu'il était plus courant de voir précédé des mots « fils de pute » que du nom de quelqu'un – était l'expression usitée à l'époque.) Ce jeune homme lit tranquillement, avec la plus grande attention : de la littérature révolutionnaire ? Quelque chose d'apaisant pour lui occuper l'esprit entre deux manifestions ?

Peintres et illustrateurs du XIXe siècle accordaient beaucoup d'importance à la lecture, comme il seyait à l'époque où se sont développés le roman, l'enseignement public et les bibliothèques. Corot, Cézanne, Degas et Van Gogh ont tous peint des lecteurs ; lithographes et photographes ont fait quantité de portraits, surtout d'hommes illustres lisant ou entourés de livres pour signifier leur érudition. Au cours du XXe, c'est un photographe qui s'est le plus appliqué au sujet: le livre d'André Kertész, *L'intime plaisir de lire*, débute en 1915 en Hongrie et nous amène jusqu'aux lecteurs perchés sur les toits de New York, à des hauteurs où personne ne viendra troubler leur concentration profonde.

Les photographies de lecteurs de Zimbel soulignent un aspect important de changement social: le visage fluctuant du temps. La révolution industrielle et ensuite l'éclatement de l'information ont transformé la perception du temps. Tous deux ont abrégé les moments consacrés aux loisirs et accru la diffusion des informations, importantes ou futiles. Ces dernières années, la surabondance d'information est devenue difficile à gérer; pourtant, malgré l'impossibilité de tout absorber, les gens cherchent encore avec avidité quelque chose à lire. Le temps étant devenu précieux, les lecteurs fervents lisent même en marchant (mon père n'aurait pas approuvé), en faisant la queue, dans le métro, en surveillant le bébé. Le président Theodore Roosevelt avait toujours un livre ouvert sur son bureau et quand la conversation traînait en longueur, il se replongeait simplement dans sa lecture.

Il y a pourtant un changement social important auquel Zimbel n'a prêté aucune attention jusqu'à maintenant: la transformation opérée par le livre numérique sur le mode de lecture. Est-ce parce que ses dernières photos de lecteurs ont été prises en 2010, alors que ce changement commençait seulement à prendre de l'ampleur? – mais Zimbel affirme qu'il est encore loin d'en avoir fini. Le livre n'est peut-être pas près de disparaître, cependant le regard des lecteurs se déplace; le numérique a eu, sur la lecture, un effet plus considérable que toute autre technologie depuis l'invention de la presse à imprimer. Les lecteurs, dans les bibliothèques, ainsi que les voyageurs lisent aujourd'hui sur une forme ou une autre d'ordinateur, de façon systématique. Au printemps 2011, Amazon a déclaré vendre trois fois plus de livres numériques que de livres reliés[3]. Attendez que Zimbel attaque son deuxième tome...

Certains d'entre nous vénèrent encore le bon vieux livre, sa forme, sa texture, sa densité. Je suis de ceux-là. Zimbel aussi, j'en suis certaine. Longue vie au livre ! Et comme l'a dit un jour Groucho Marx : « Après (*outside*) le chien, le livre est le meilleur ami de l'homme », ajoutant « mais dans (*inside*) un chien, il fait trop sombre pour lire. »

1. In *Œuvres complètes de Charles Baudelaire*, volume III : *L'Art romantique*, chapitre III : *Le peintre de la vie moderne*, Paris, Calmann-Lévy, 1885, p. 64.
2. Nécrologie de Boubat, *The New York Times*, 7 juillet 1999.
3. Andrea Sachs, « The E-Book Era Is Here: Best Sellers Go Digital [en ligne] », *Time Magazine*, 21 mars 2011 (consulté le 22 mars 2011). Sur Internet : ⟨http://www.time.com/time/business/article/0,8599,2060535,00.html#ixzz1HM8q6uaP⟩

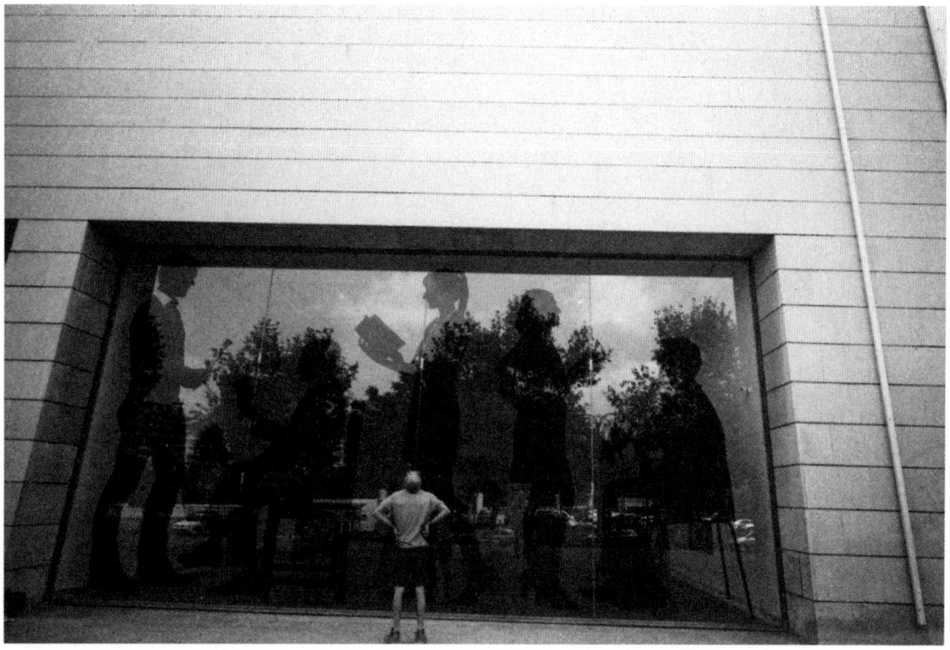

O GENTLE READER![1]

VICKI GOLDBERG

George Zimbel is a dedicated reader. When he was too small to cross the street himself, his mother helped him across, then sent him on his own to that delicious world of books called the library. In college in the late 1940s he regularly read until 2:00 in the morning – and began taking pictures of readers. "But it was on my first visit to Paris in 1952 that I got serious about it. People were reading everywhere, even at night on the street. It fit my idea of Paris as the cultural center of the world," he says. About his own nighttime reading habits, he says, "I think it's because my mother used to sit in the parlor at night and read by the light of a streetlamp outside the window to save electricity and money. But when the mayor started having the streetlights shut off at 10 pm to save the same, she was forced to use the living room lamp." (I sympathize. When I was a girl, my father warned me several times that reading while walking down the stairs was dangerous. I didn't care.) Today Zimbel is still a devoted reader, the only problem being that he gets so immersed in a book that his sociability quotient precipitously declines. As proof, he offers, "Ask my wife."

He began photographing readers in college and continued in the US, France and Canada (where he moved from America in 1971 with his wife and children in protest against the Vietnam war and because of "a back to the land urge"), and then in England and Spain. He can spot a reader faster than a bird watcher can spot a warbler, wherever someone with a nose pointed at print can be found: in a restaurant, on a sidewalk, behind a window, in a queue. "The reader's connection to a book always made my shutter finger twitch," he says, "and it still does. It is such a beautiful moment. Because I had so many photographs of readers in the early 1950s, editors asked me to take more. The resulting photographs had the same feel as the ones I'd already taken. I can't do anything else." Assignments for the Ford Foundation's Educational Facilities Laboratory and the College Entrance Examination Board in the 1960s meant visiting schools all over America, offering a cornucopia of readers to his hungry eye.

Zimbel is an astute observer of the passing scene and events with sharp, instantaneous and, when the shoe fits, a witty or ironic response to this thing we call *life*. He's worked for *The New York Times*, *Look*, *Redbook*, *Parents* and *Architectural Forum* – which is one way of saying his range is expansive. He can capture news, dramatic night scenes, strippers and exotic dancers strutting their stuff; not to mention humor, melancholy and the off-hand or familiar made trenchant and worth cherishing through the grace of his Leica, tri-x film and his gimlet eye. He shows us an amusing and apparently trustworthy world as it goes past, and he brings home the diversity of everyday experience and emotion that we might otherwise leave behind on the plains of forgetting. The world in his images, and most particularly in his photographs of readers, is essentially a good world, though Zimbel claims he's "basically not a jolly person. I think mankind is a flawed species." But: "My nature is to recognize positive happenings, either with a camera or without. I am always telling my wife about 'wonderful things' I have seen during the day. Maybe that is to offset what I know about the world."

He came into his own after World War II, when America basked in the light of triumphant technology and industry, bustling cities and a belief that the good times that the country had invited to dinner meant to stay. Europe, climbing out of the rubble, was busy creating new identities and lives and recreating the signs of a normal existence. Humanism was in the air on both continents, and subjectivity had crept into all the arts: documentary photographers were putting their vaunted objectivity aside and acknowledging that feelings and personalities played a role in their work. Zimbel's evident and unabashed sympathy for his subjects, his applause for the human comedy and his irrepressible optimism matched the flavor of the times.

But by the 1950s, disillusion and unease were peeping around the corners of America's complacent consumer society. The Beats howled, sociologists grumbled and photography was upsetting apple carts. Although Zimbel picked up on the loneliness and alienation of the crowded metropolis and deplored its ragged edges, these subjects did not fill his days. He didn't picture America at so distinctly off kilter an angle as his good friend Garry Winogrand did, or as dark as Robert Frank presciently portrayed it, or as raucously and aggressively combusting as William Klein did. His eye saw something else.

Like Zimbel, Winogrand, Frank and Klein were street photographers, always on the *qui-vive*, alert to the ripples of life along the sidewalks. But where the other three were intent on exploding photographic traditions, Zimbel preferred to stretch these traditions to his own measure. He saw the street as theater, with sets designed by the camera's frame, untrained actors in starring roles, and the city often serving as an exquisitely formal backdrop. He was a true *flâneur* as Baudelaire described him: "...for the passionate spectator, it is an immense joy to set up house in the heart of the multitude, amid the ebb and flow of movement, in the midst of the fugitive and infinite."[2] The French had, perhaps unwittingly, preserved Baudelaire's legacy, and Zimbel's work shares the spirit of such French photographers as Robert Doisneau, Edouard Boubat (whom Jacques Prévert called a "peace correspondent"[3]) and Willy Ronis, whose photographs he might well have seen on his first trip to Paris in 1952. These men savored every instance of normality, be it high or low, amusing or ironic, as long as it made a good picture. All of them openly relished the life percolating through their cities and responded vividly to intimate moments in anonymous crowds and incongruous juxtapositions amid the saunter and haste, much as Zimbel did.

Henri Cartier-Bresson's *The Decisive Moment* was published in 1952 and played an important role in the establishment of photojournalism as – not exactly an art, perhaps, but at least artistic. The book had a powerful and enduring influence and doubtless hastened the journey that some of Bresson's colleagues and some Americans, Zimbel among them, had already embarked on in search of a precise formal approach that would convert each filched 35mm moment into a timeless image.

Zimbel clearly delights in reporting what he sees, and he does so with brio and clarity. He leaves theoretical filters back in the filing cabinet and is consistently both readable and well worth the reading. He tends to put the subject at or near the time-honored center of the frame, which the eye automatically seeks out; elsewhere, his light carves out a path for our attention. He can do magic tricks with a camera: viewing people in a convex mirror; photographing the outside of a plate glass window, showing what lies beyond as well as the reflections of trees behind the camera; or looking down a dark stairway to a landing where a boy sits reading by the light filtering through a window. Zimbel is especially good with the intimate dramatics of limited light. Note the silhouette of a distant reader on a platform of the Paris metro, where blackness rules and only a few lights shimmer or blaze in the profound gloom, yet the reader, barely an outline himself, pursues his quest in a book.

Zimbel's reportorial work has its instant highs. Marilyn Monroe standing over a subway grate with her skirt billowing up to reveal her white panties was too shocking for the time; his other pictures of the scene provide a mere glimmer of her undies. John and Jackie Kennedy beaming major smiles and waving grandly from an open convertible remind us that they did this so successfully that they did not change it in 1963 in Dallas...

In apparently simple snapshots, Zimbel often plays a complicated and immediately recognizable emotional game. In New Orleans, where an audience of men listen attentively to a singer, an attractive woman, dressed to the nines with only an unprepossessing cigarette for company, hunches over the bar and refuses to look at the show. At an Irish dance hall in the Bronx, a lone young man is obviously cocksure that good times are his for the taking, while young women huddle defensively, uncertain that any will come their way. In *A Book of Readers*, a little boy at a library table leans on his elbow and gazes off into nothing, gripped by a sad thought that has wedged itself between his eyes and the book. At Columbia University in New York, a young man reads while leaning against a wall that says "Up against the wall, Grayson Kirk." (Kirk was president of the university in the late 1960s when students rioted and occupied his office and as many campus buildings as they could commandeer; "up against the wall" - more commonly finished off with the words "mother fucker" than somebody's name - was a byword at the time.) The fellow reads calmly, intently: revolutionary literature? Something placid to occupy his mind between marches and protests?

Nineteenth-century artists and illustrators paid reading a lot of attention, appropriately enough for a time that developed the novel, public education and libraries. Corot, Cézanne, Degas and Van Gogh all painted readers, and printmakers and photographers portrayed many, especially great men, reading or surrounded by books as a sign of how learned they were. In the twentieth century, it was a photographer who paid the subject the most concentrated attention: André Kertész's book *On Reading* begins in 1915 in Hungary and extends to readers perched high on New York rooftops where no one will disturb their passionate concentration.

Zimbel's photographs of readers point to a key aspect of social change: the changing face of time. Society's ideas about time were transformed by the industrial revolution and then by the information explosion. Both abridged the time for leisure and ramped up the availability of news both major and trivial. In relatively recent years, the information glut has become unwieldy; yet, despite the impossibility of absorbing it all, people still avidly seek out something to read. Time being at a premium, passionate readers read even while walking (my father would not have approved), waiting in line, riding the subway, tending a baby. President Theodore Roosevelt kept an open book on his desk and, if conversation lagged, simply went back to reading it.

So far, Zimbel has paid no attention to one major social change: the shift in reading platforms that digitization is causing. Perhaps this is because his most recent photo of readers was taken in 2010, as this change was gearing up – but he says he's not finished yet. Books may not be dying, but readers' eyes are migrating; digitization has had a more profound effect on reading than any technology since the invention of the printing press. Readers in libraries now routinely read on computers, and some travelers now read on e-readers of one sort or another. By the spring of 2011, Amazon reported that it was selling three times as many e-books as hard covers.[4] Just wait till Zimbel gets around to volume two...

Some of us still revere the old-fashioned book, its look, feel and heft. I do. I'm quite sure Zimbel does too. Long live the book! As Groucho Marx once said, "Outside of a dog, a book is a man's best friend," adding, "Inside of a dog, it's too dark to read."

---

1. Wordsworth said this with an exclamation mark in "Simon Lee," but many authors have addressed their gentle readers since.

"O Reader! had you in your mind
Such stores as silent thought can bring,
O gentle Reader! you would find
A tale in every thing."

"Simon Lee. The Old Huntsman," *The Poetical Works of William Wordsworth* (Oxford: Clarendon Press, 1958), Vol. IV, p. 63.

2. Baudelaire, *The Painter of Modern Life and Other Essays*, translated and edited by Jonathan Mayne (New York: Da Capo Press, 1986), p. 9.

3. Boubat obituary, *The New York Times*, July 7, 1999.

4. Andrea Sachs, "The E-Book Era Is Here: Best Sellers Go Digital," *Time Magazine*, March 21, 2011. See http://www.time.com/time/business/article/0,8599,2060535,00.html#ixzz1HM8q6uaP, accessed March 22, 2011.

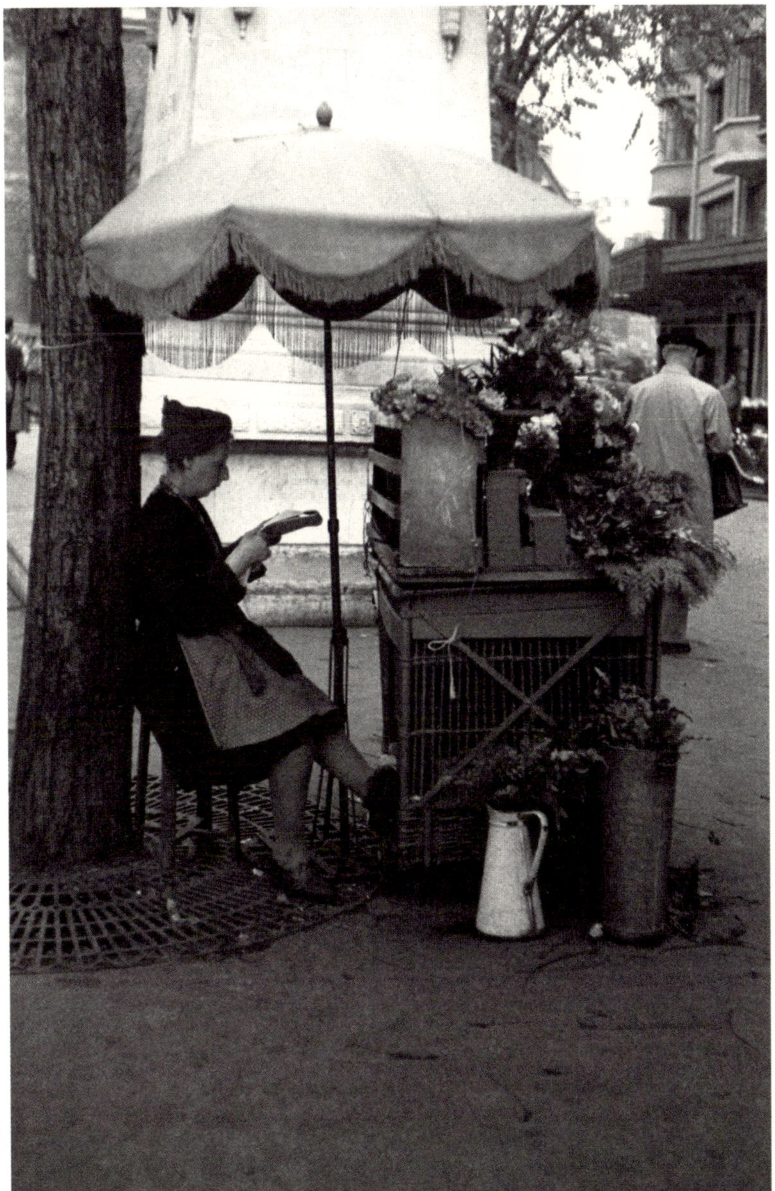

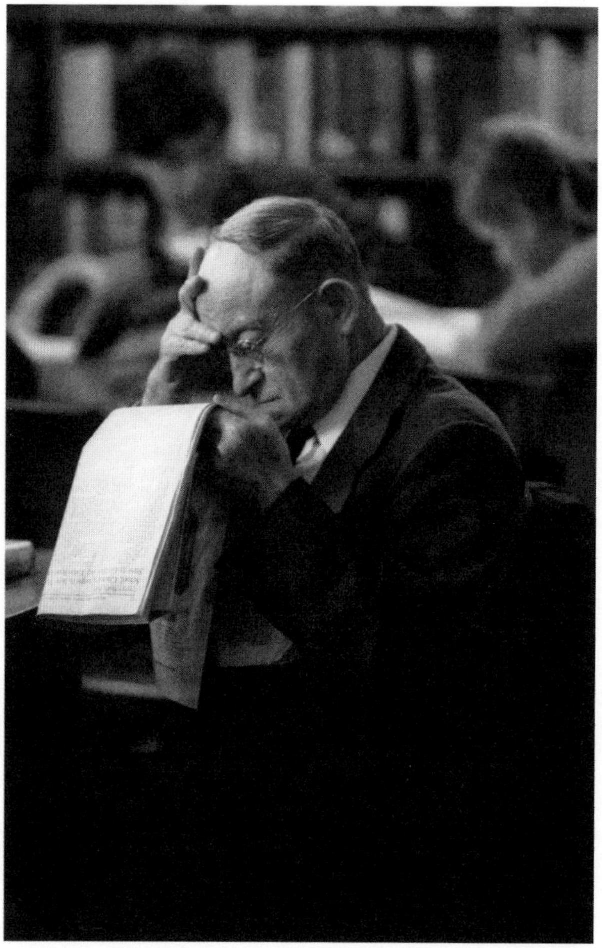

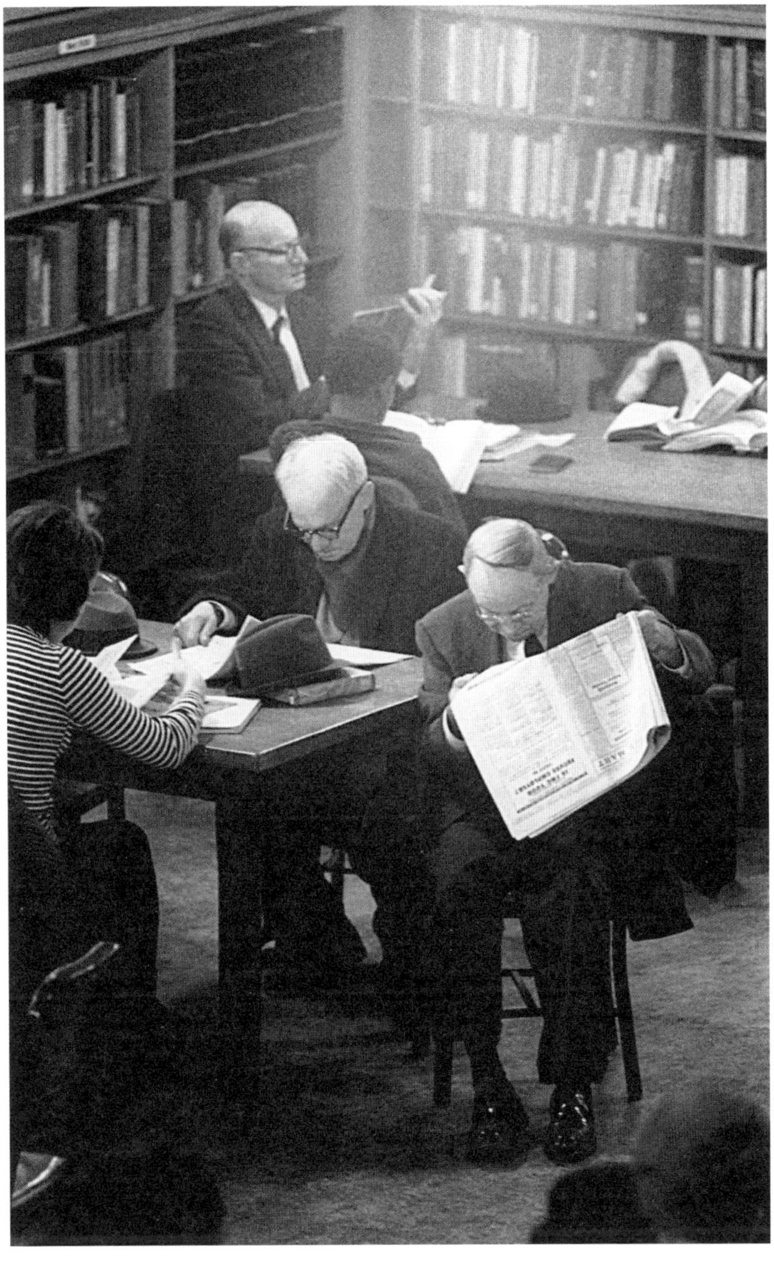

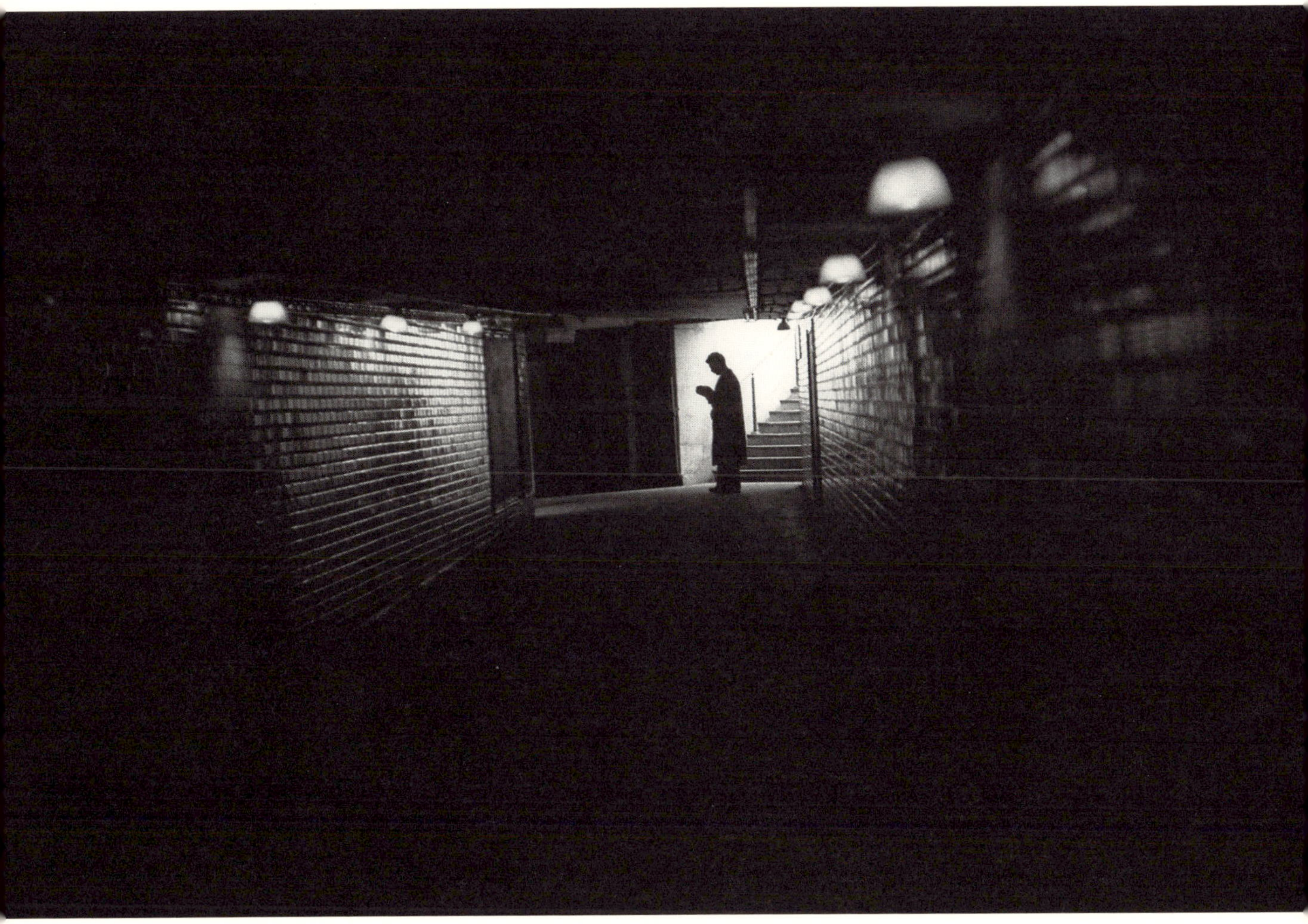

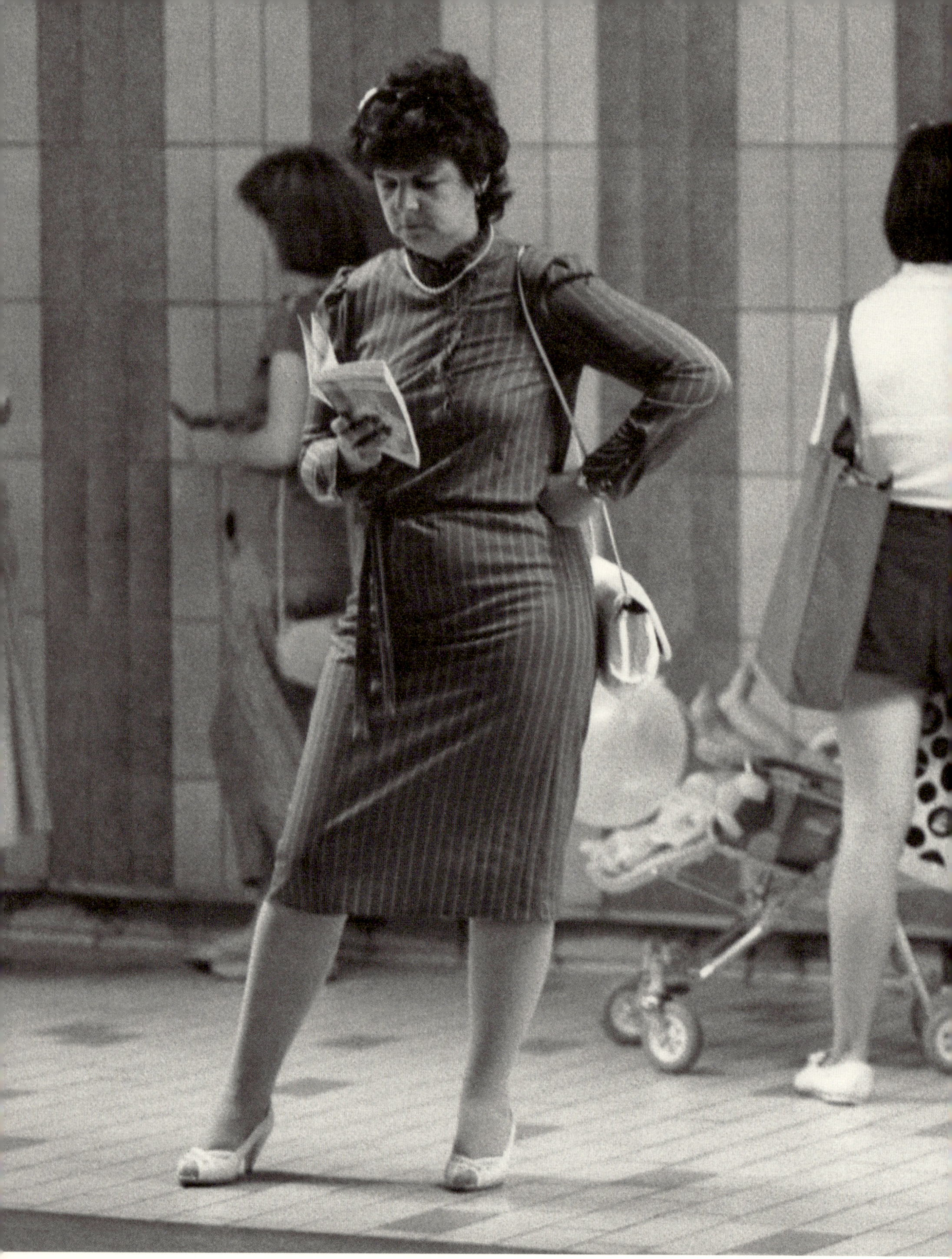

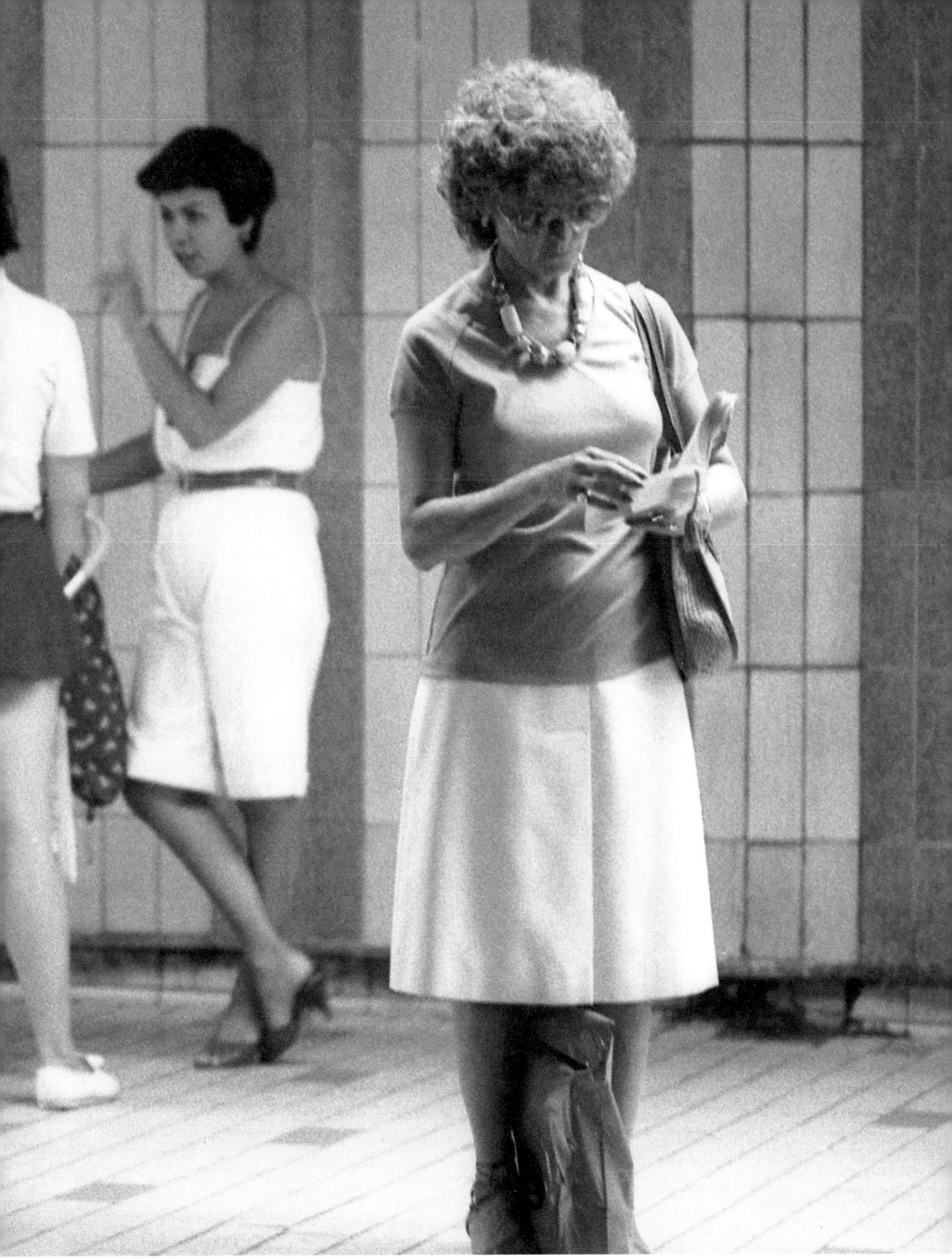

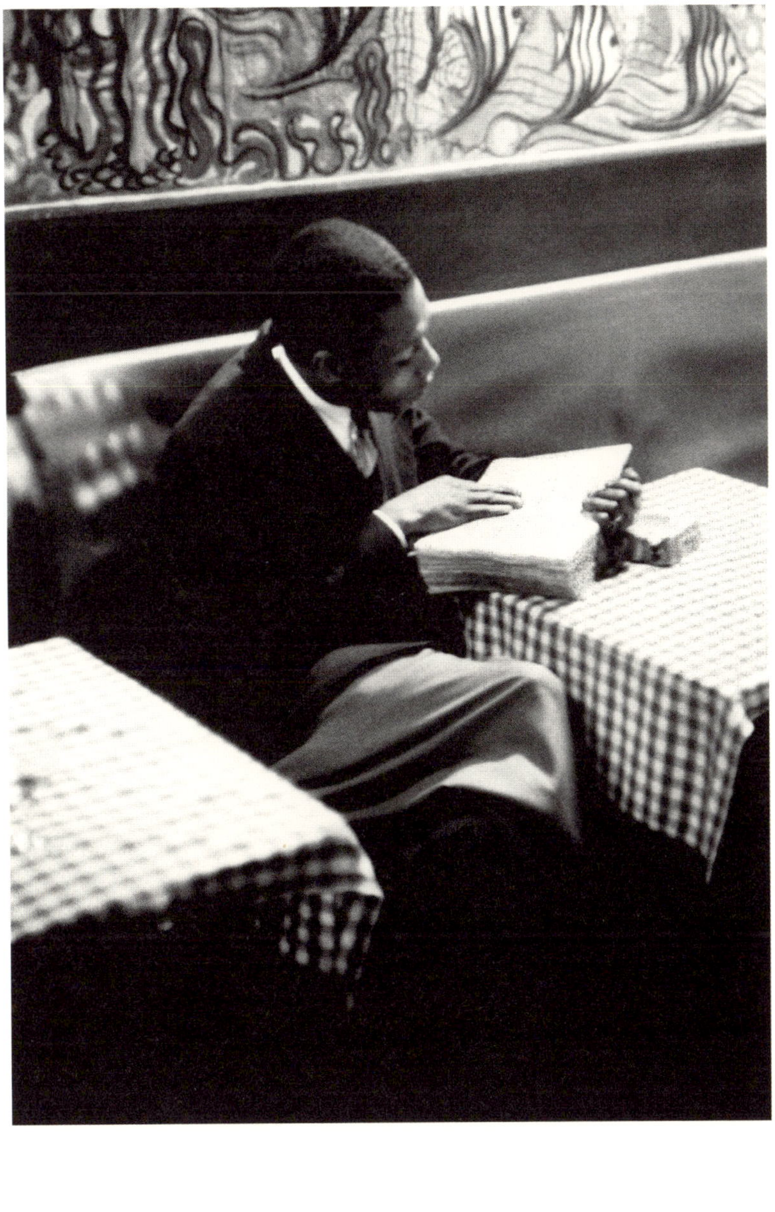

Woman with file
f8 Classic/Polymax
12 sec - Dodge face
Burn book + ~~window~~
Window 2×12 -

Woman with file cards
f8 Classic/Polymax
12 sec - dodge fac
Then burn ~~notebook~~ - N
then hand + burn
Then windows + f

View looking toward
El Paso 1995
f8 #3 F1× Burn

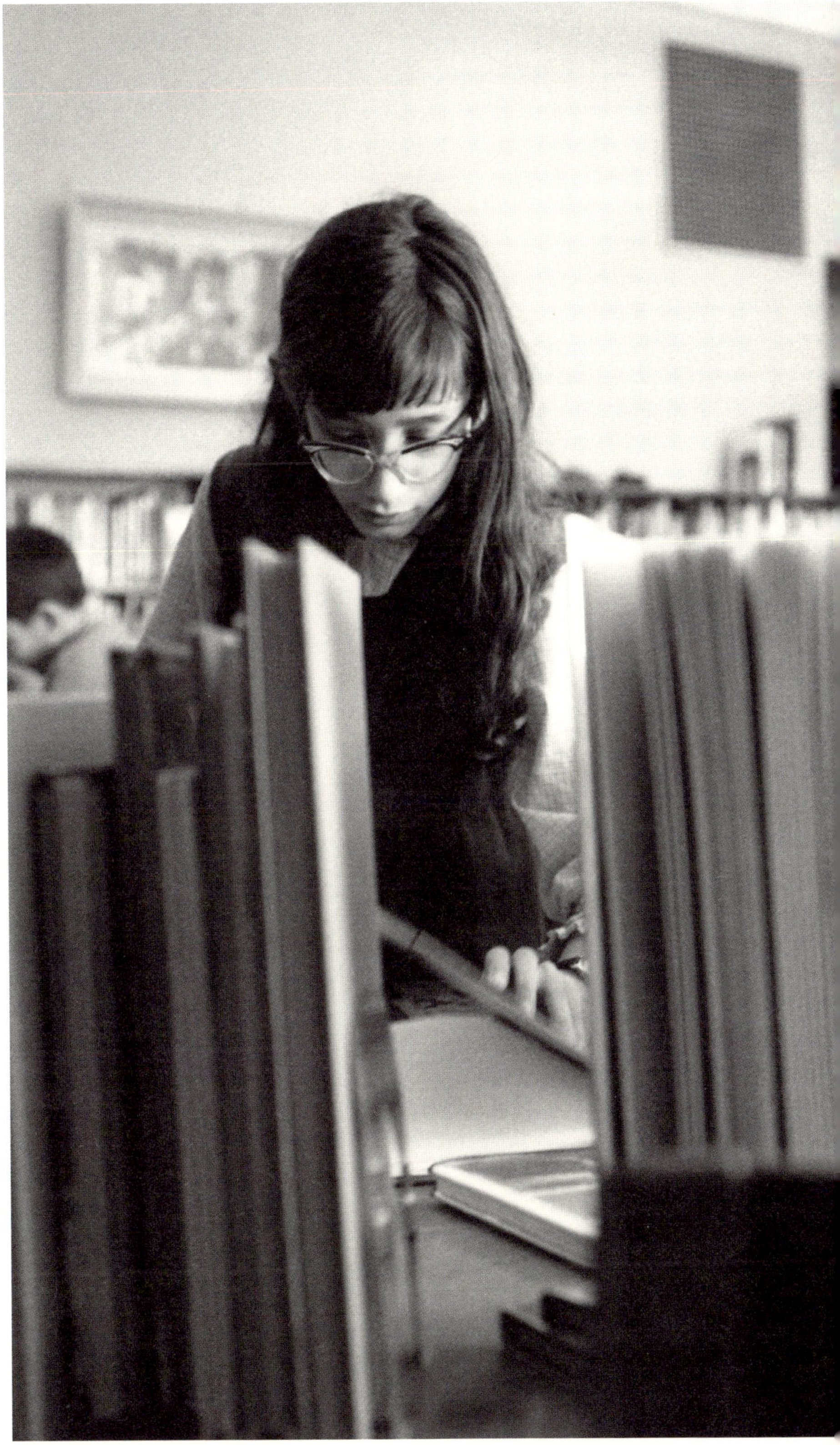

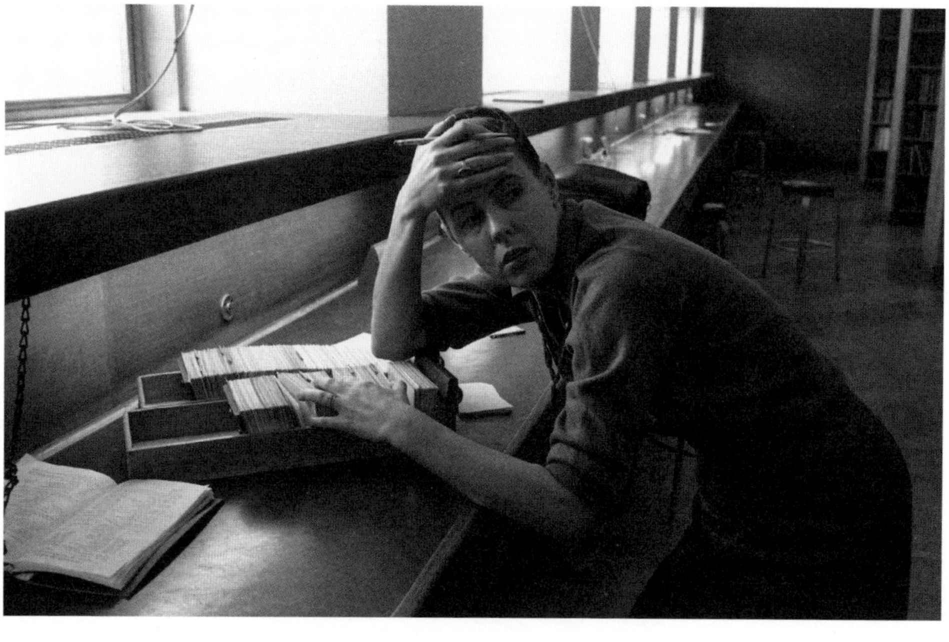

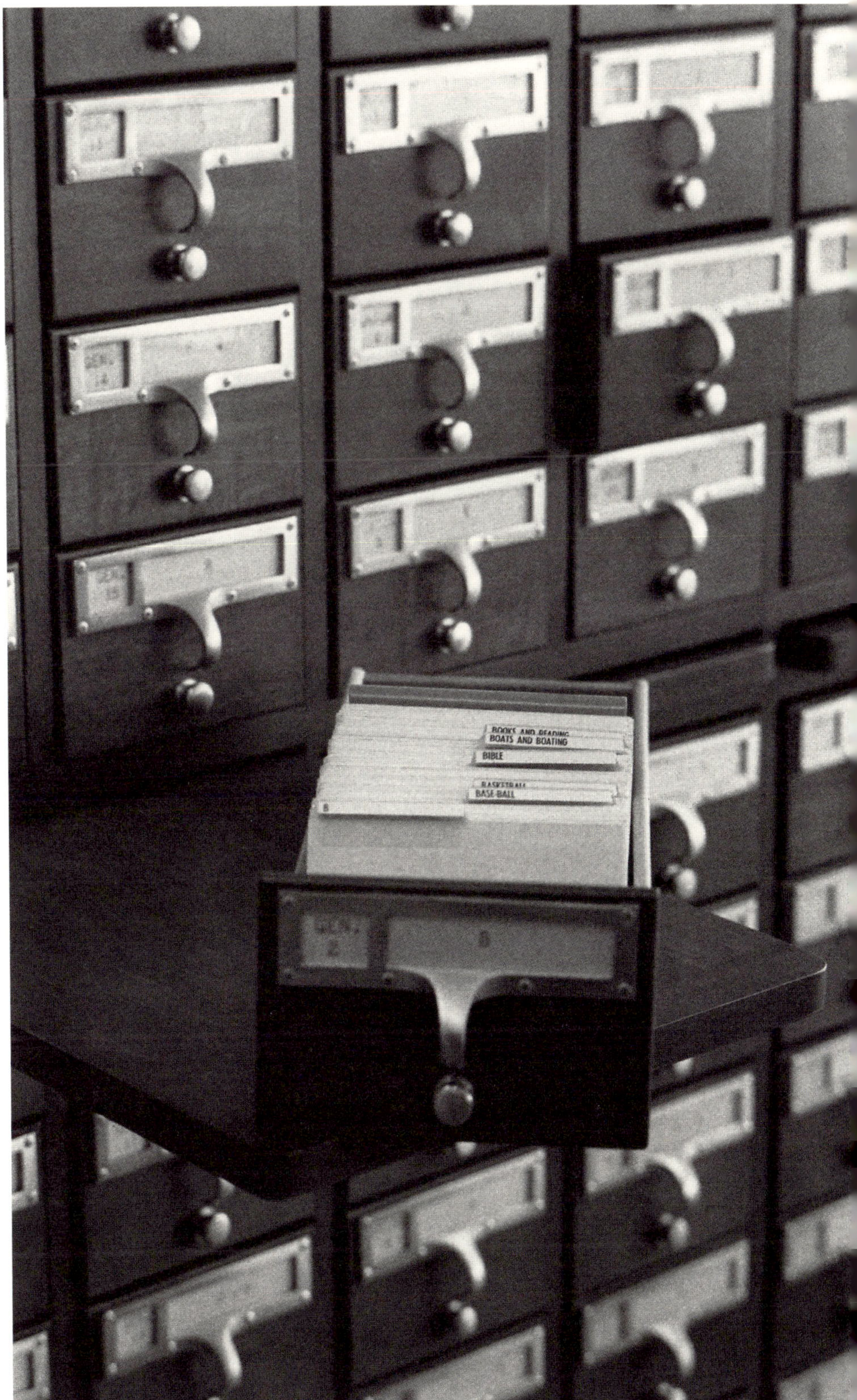
BOATS AND BOATING
BIBLE
BASE-BALL

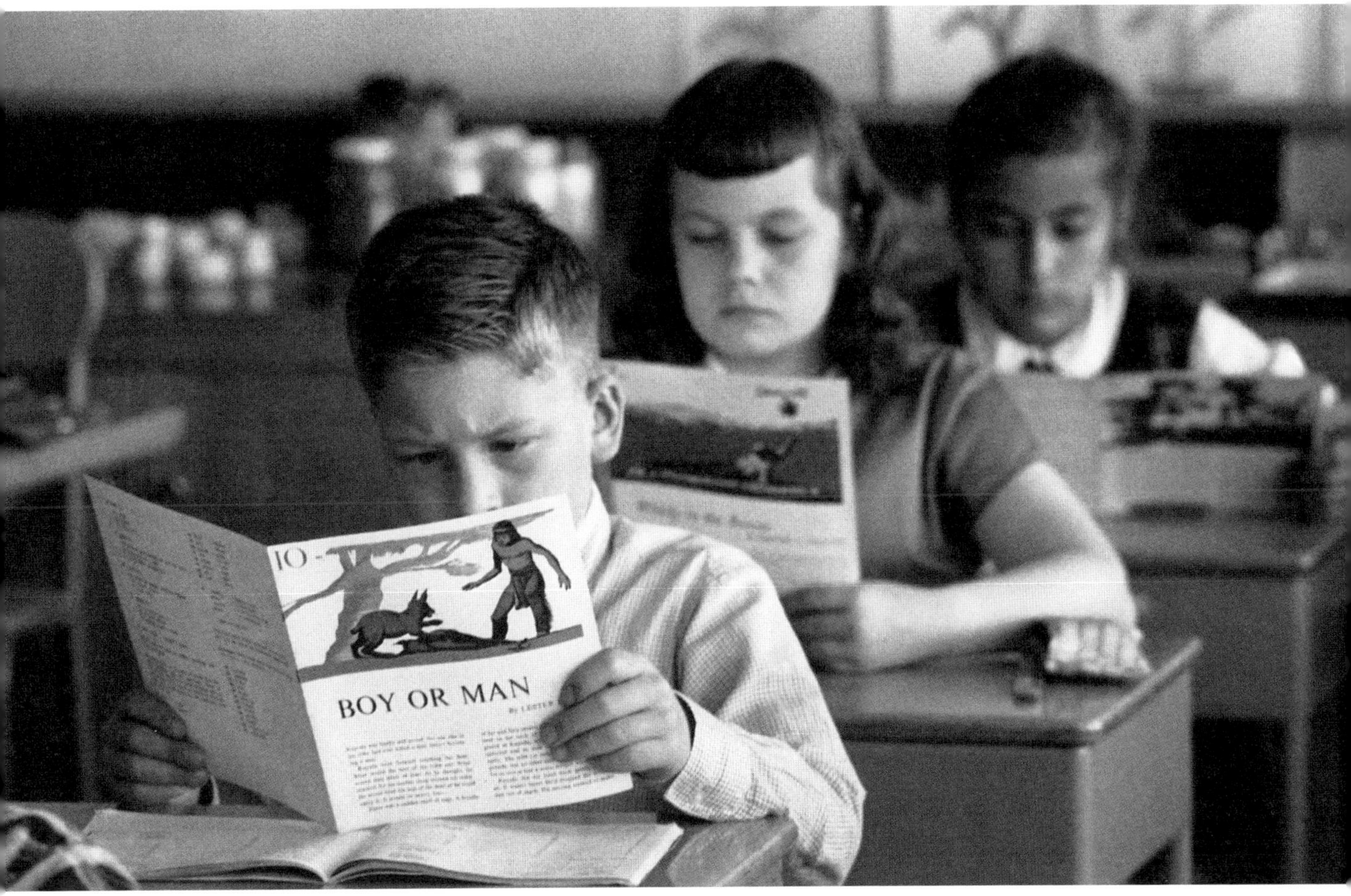
IO
BOY OR MAN

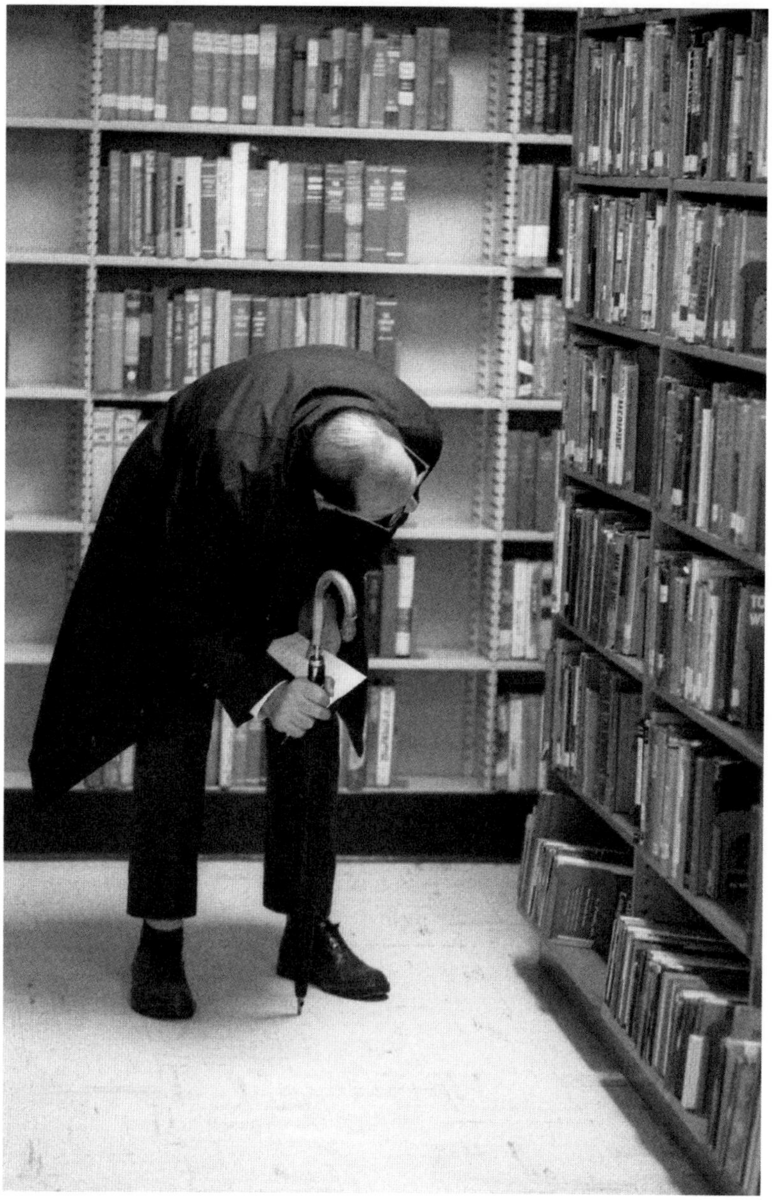

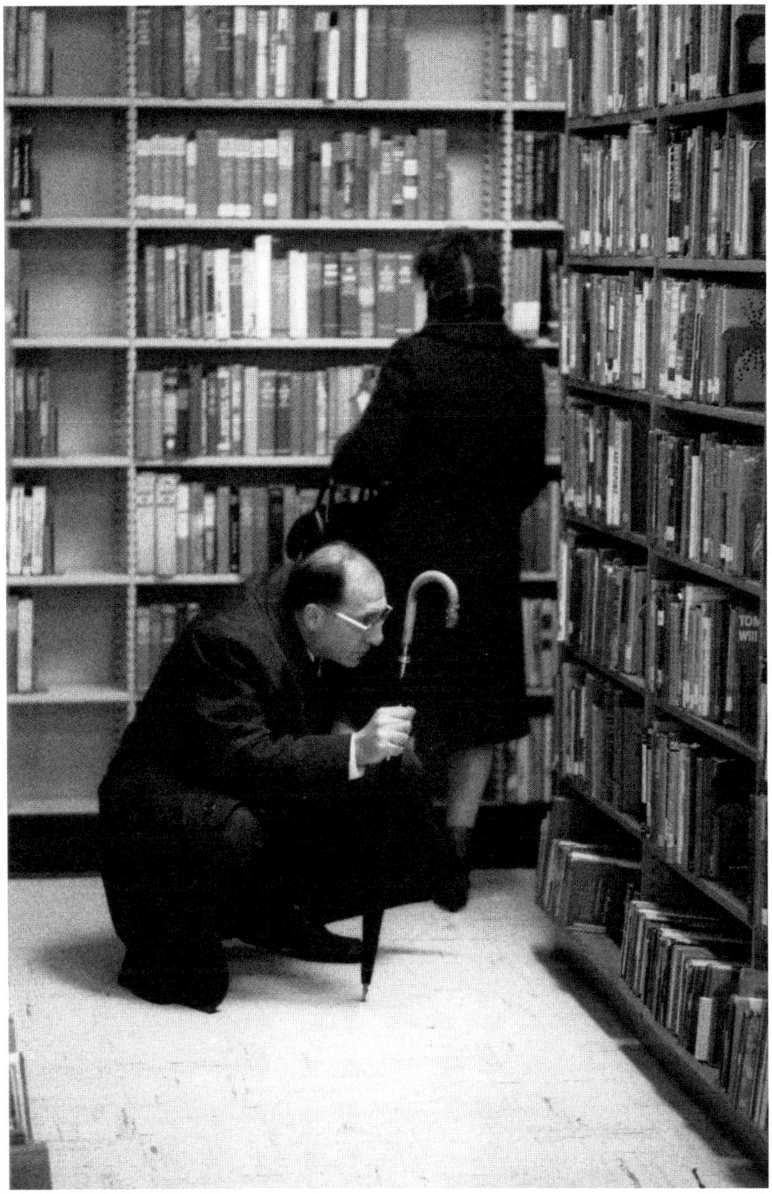

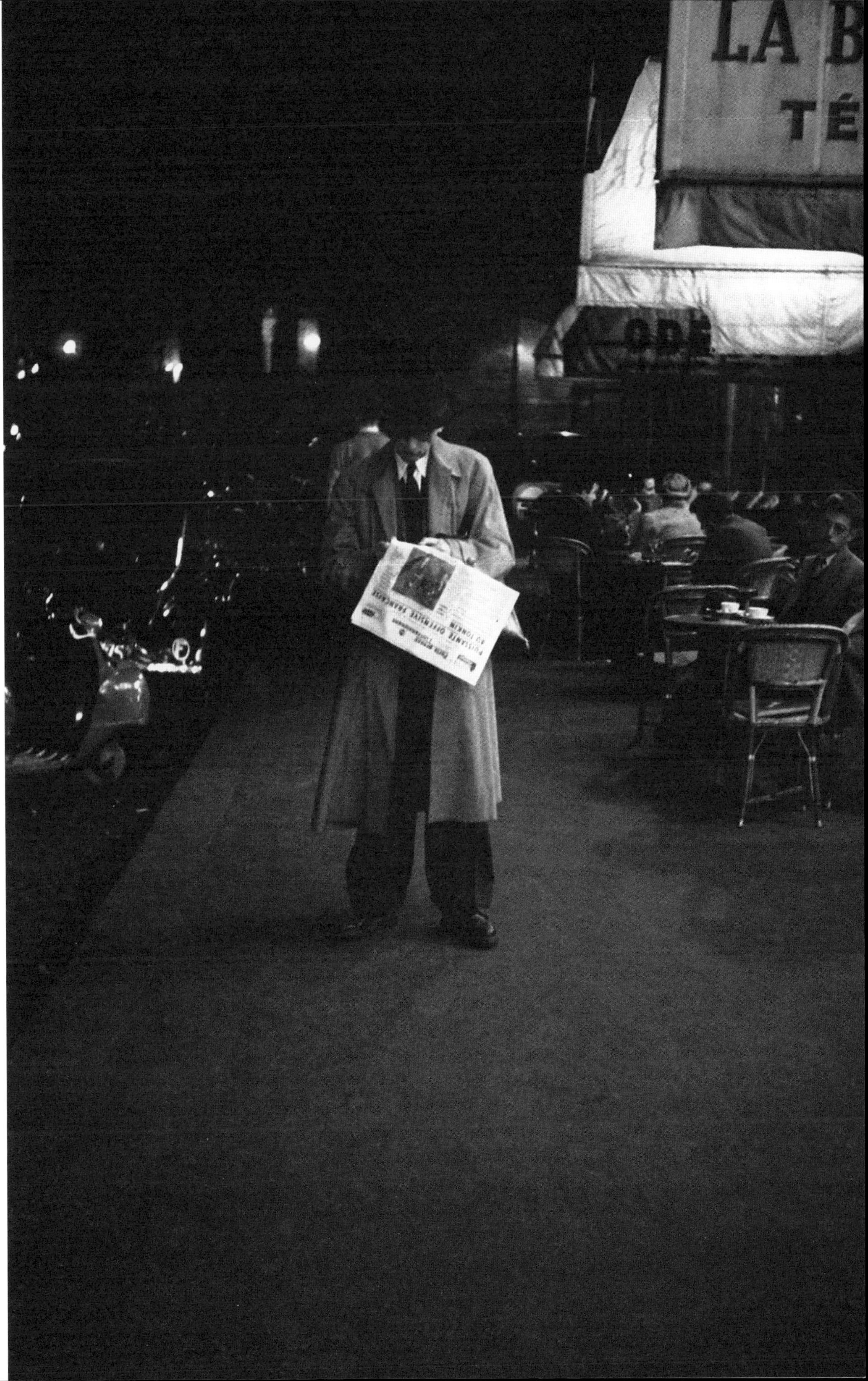
LA B
TÉ
ODÉ
PUISSANTE OFFENSIVE FRANÇAISE
AU TONKIN

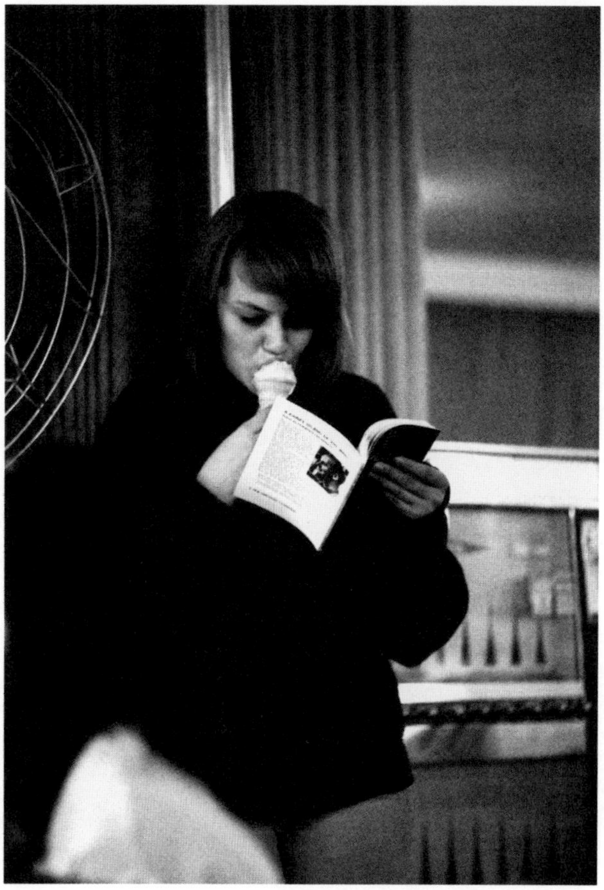

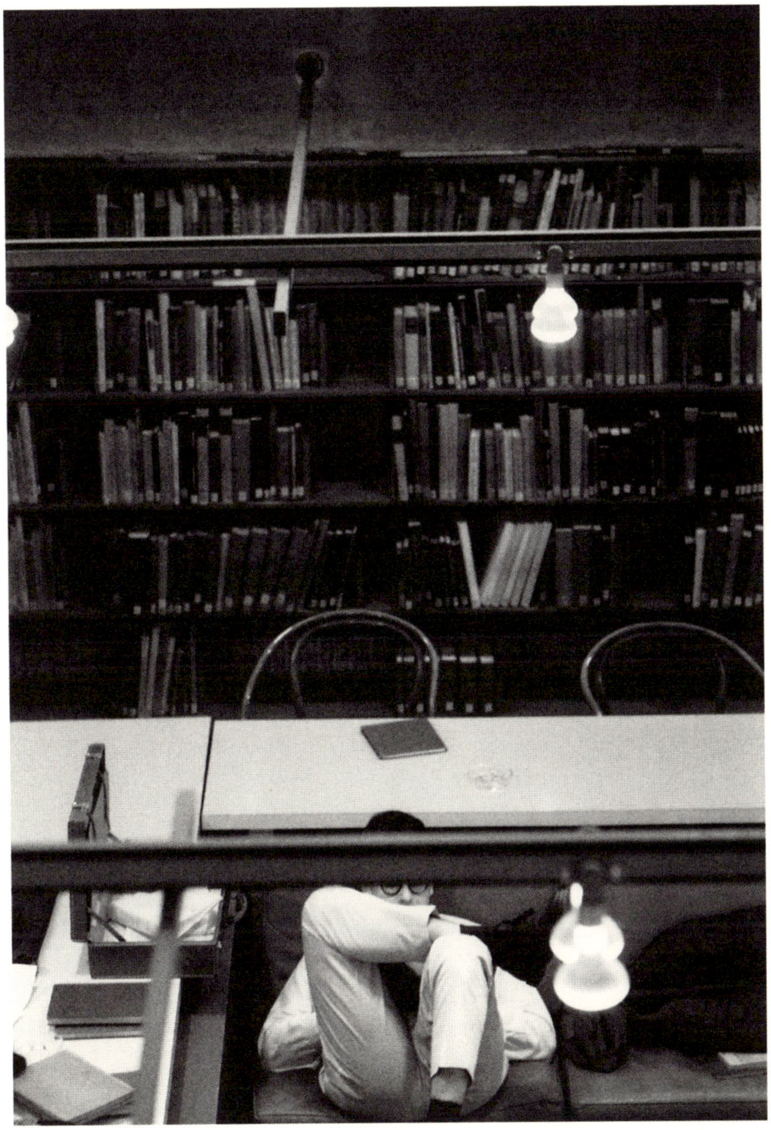

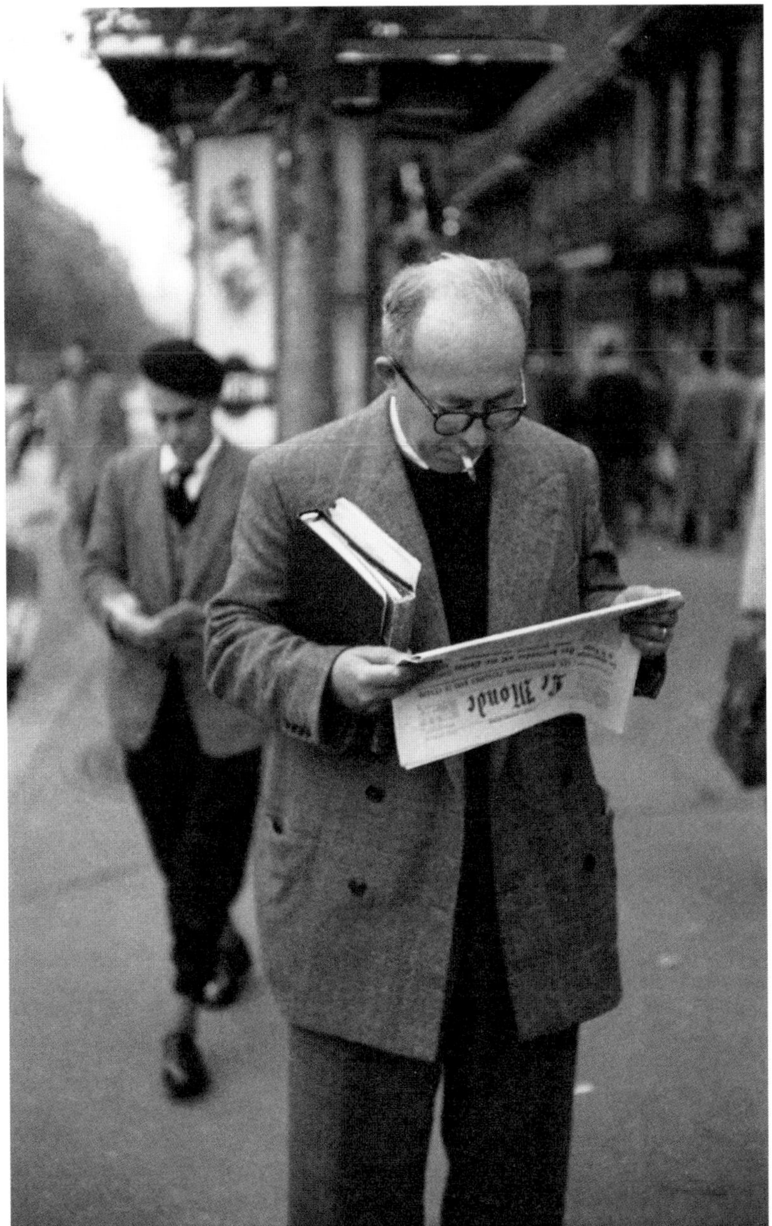

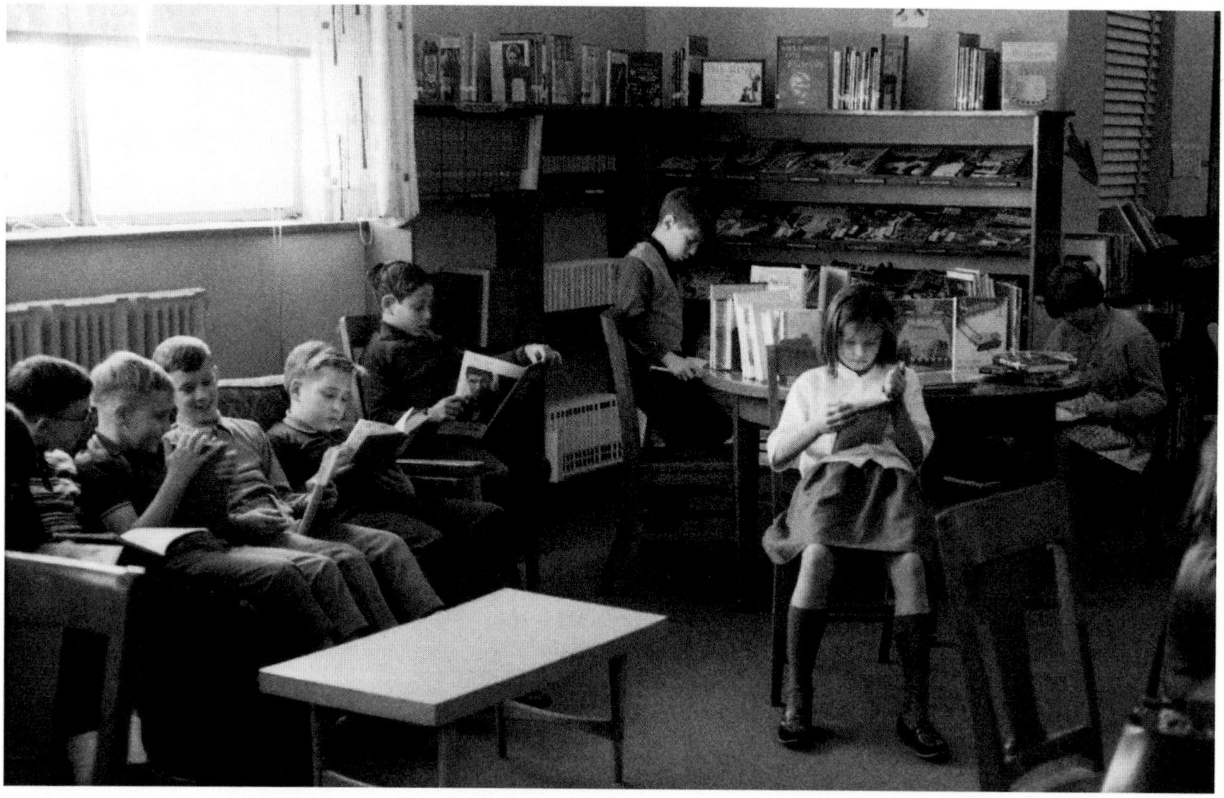

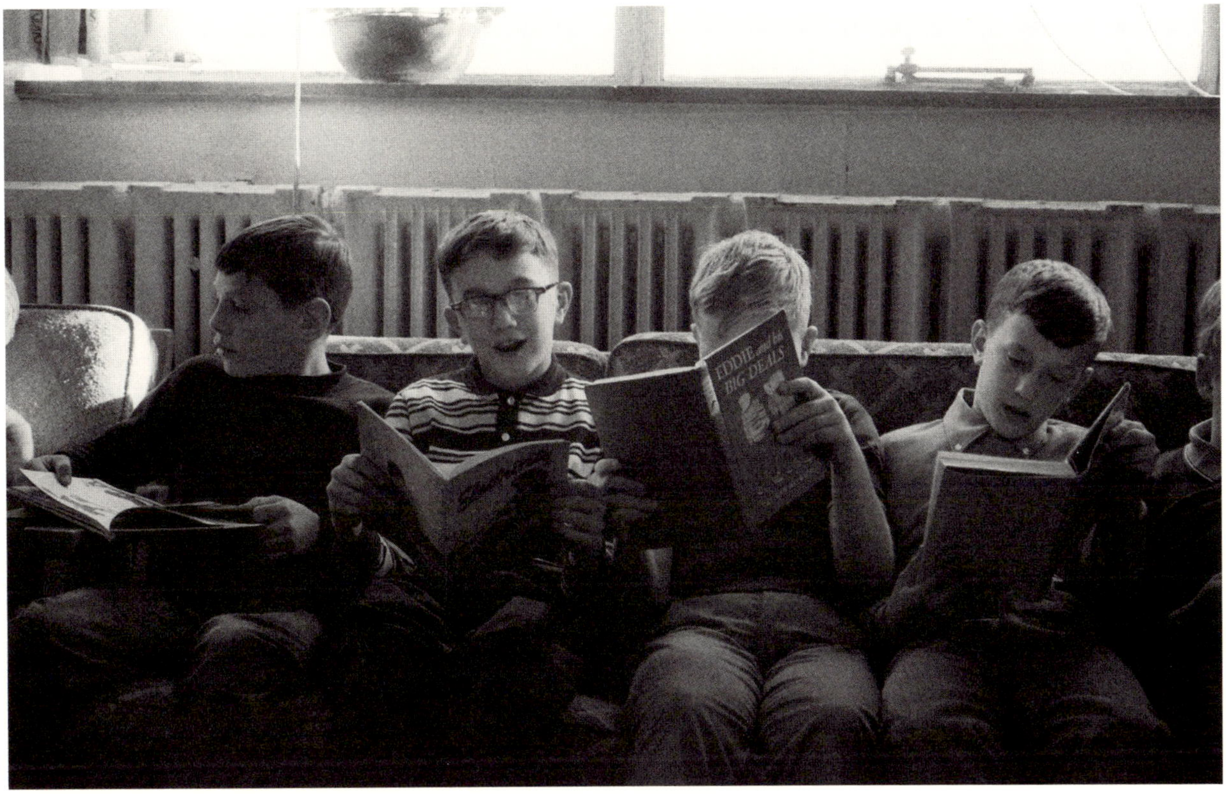
EDDIE and his BIG-DEALS

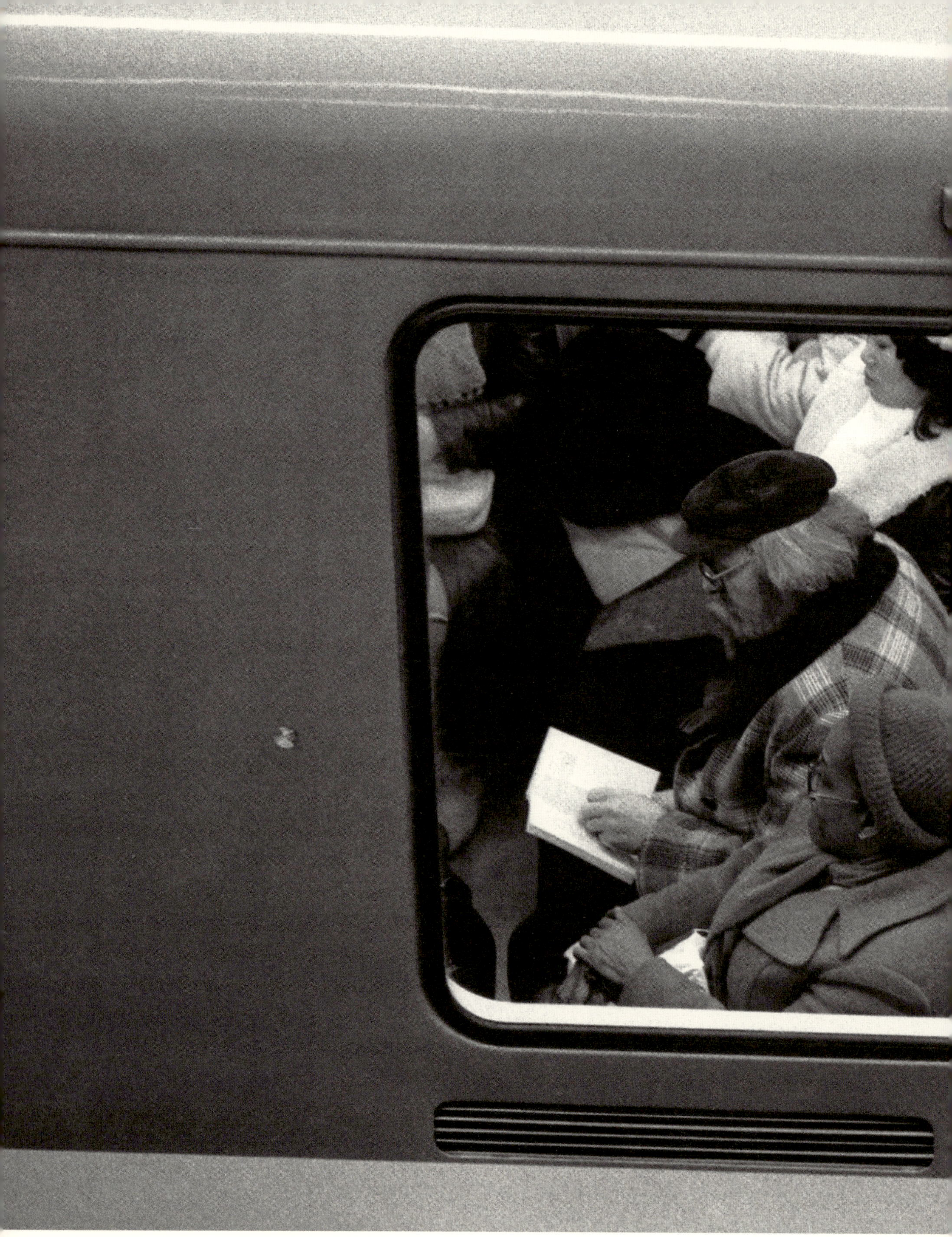

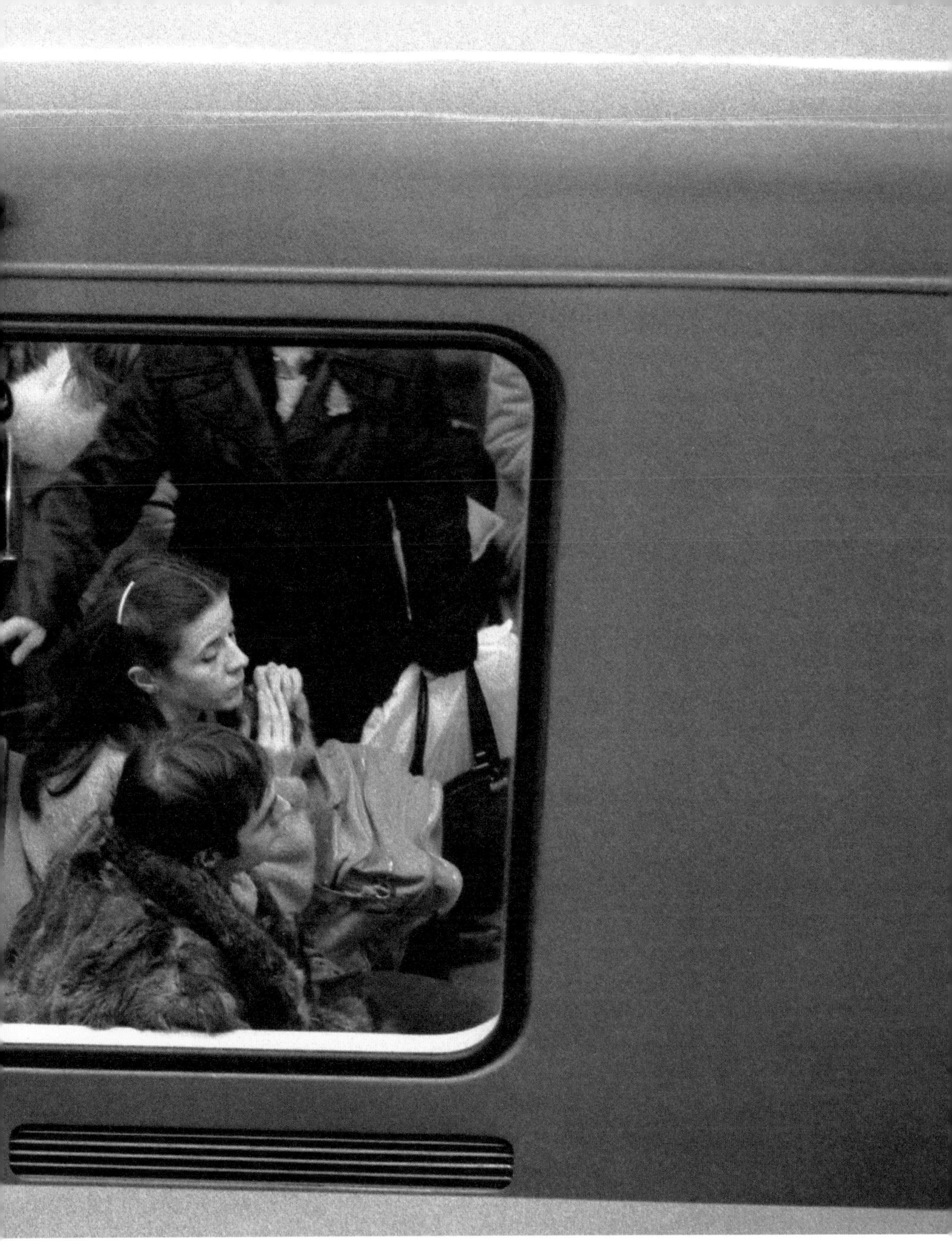

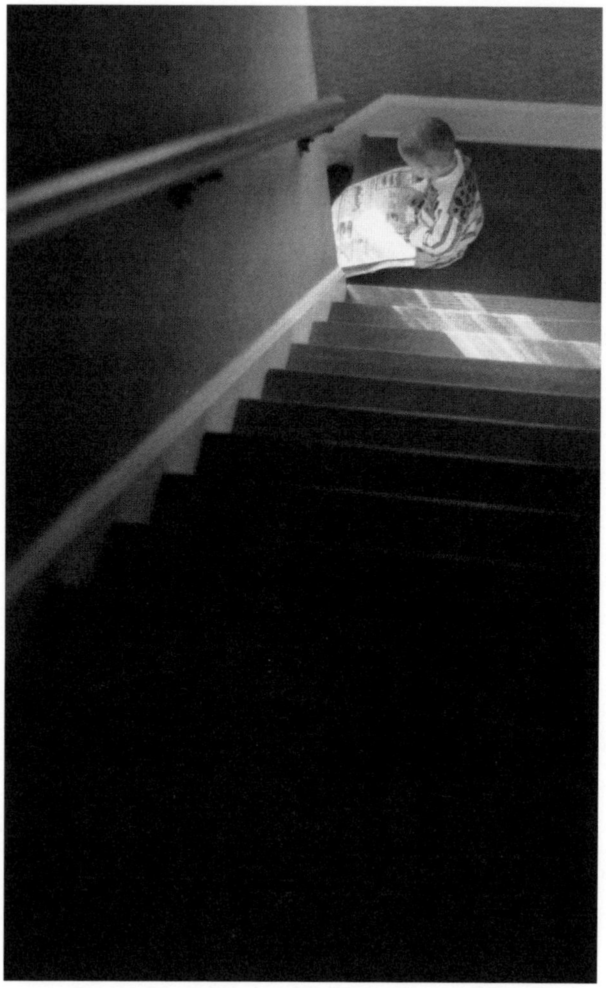

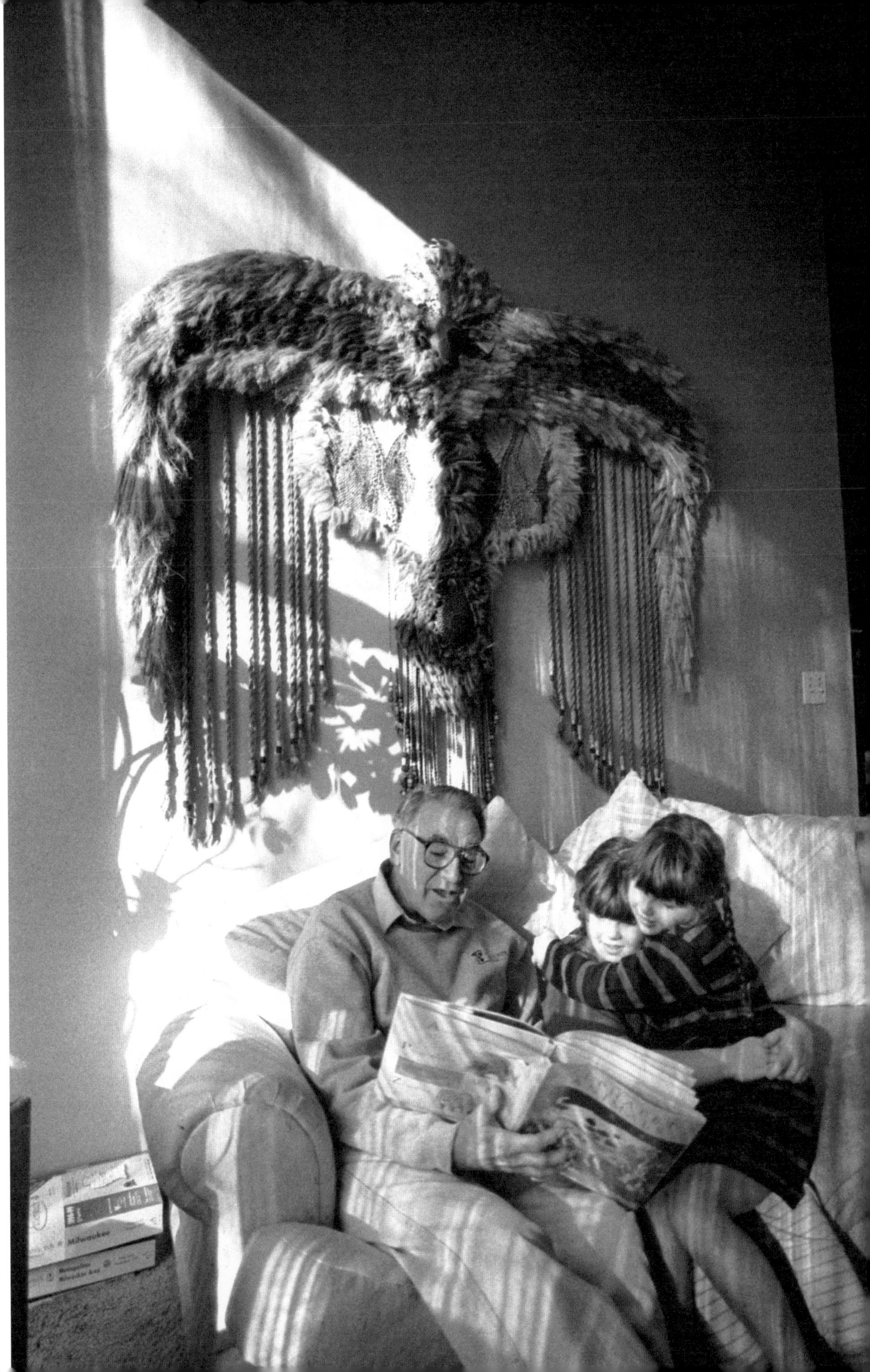
Milwaukee

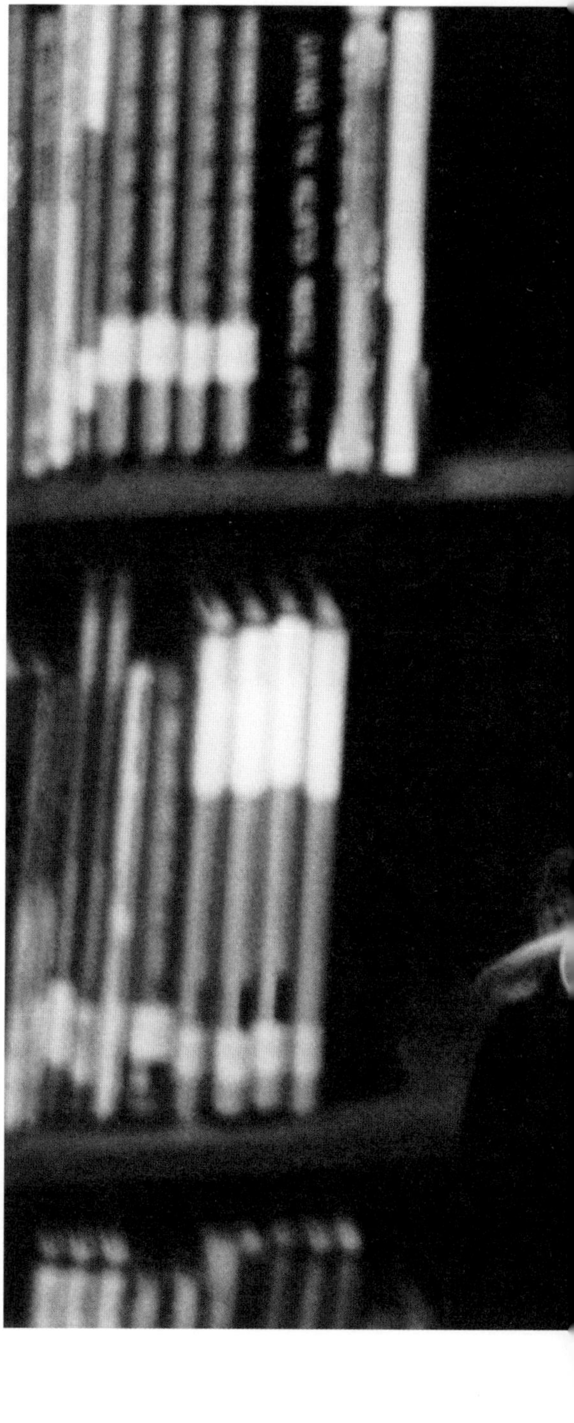

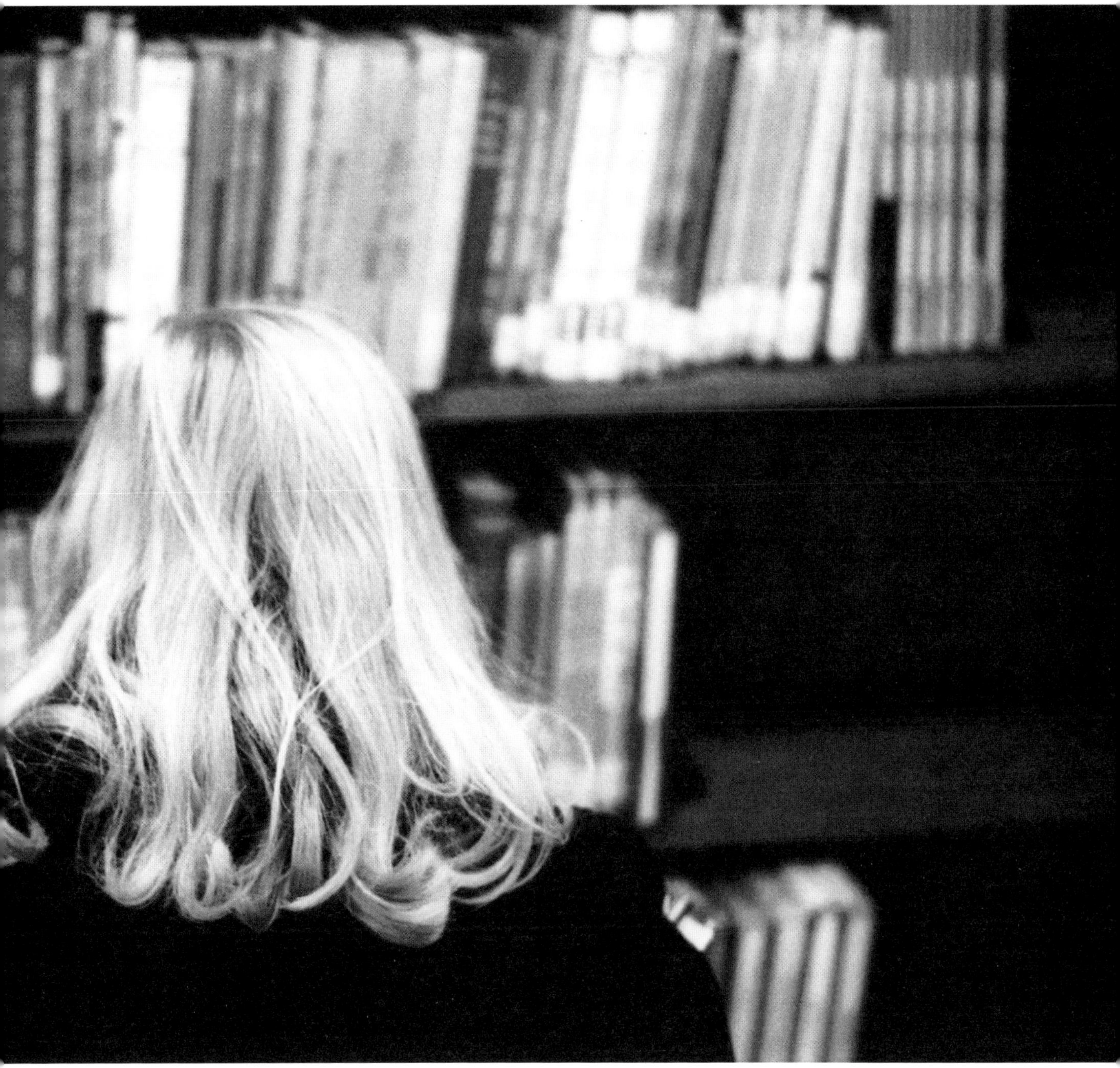

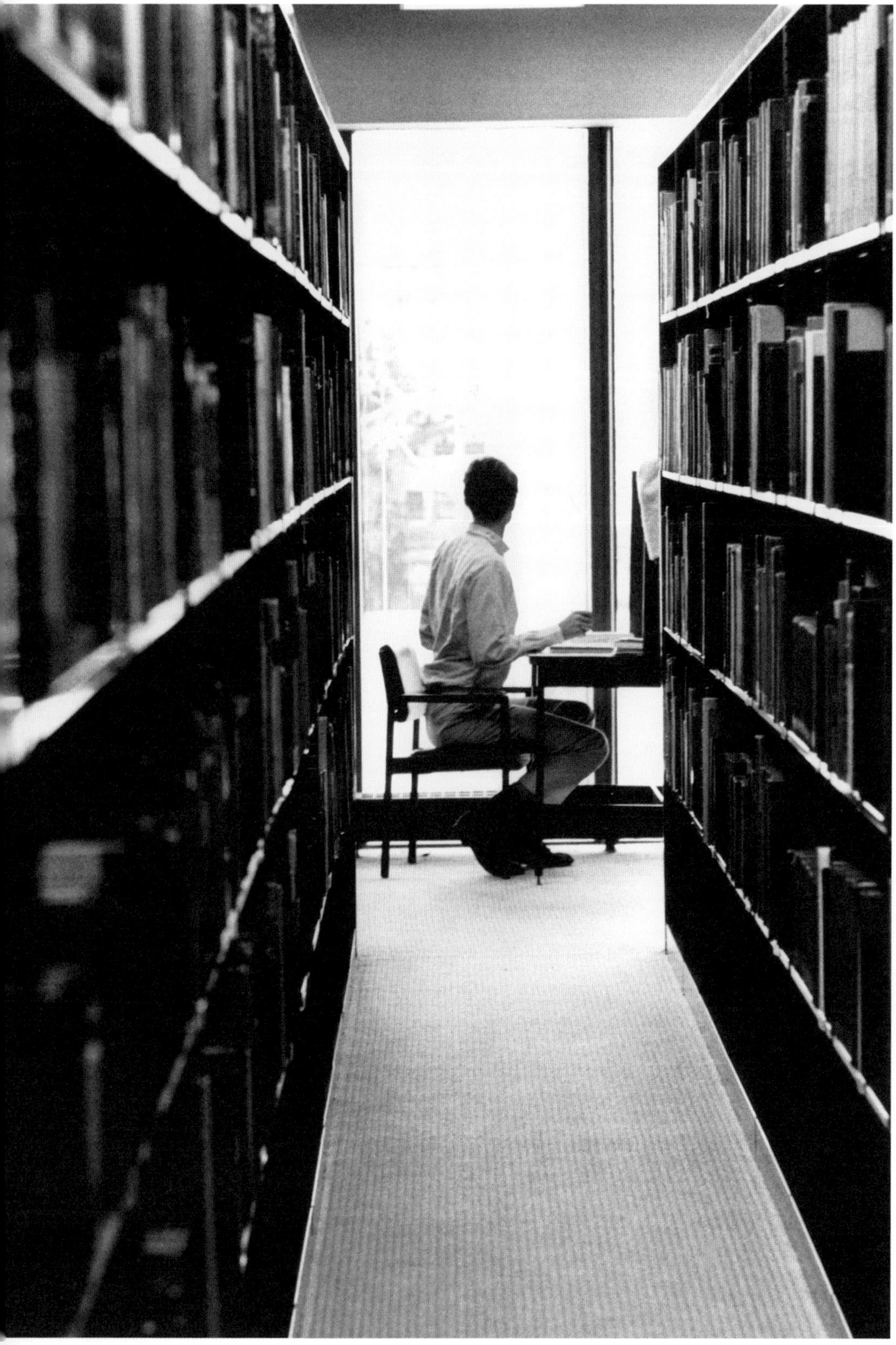

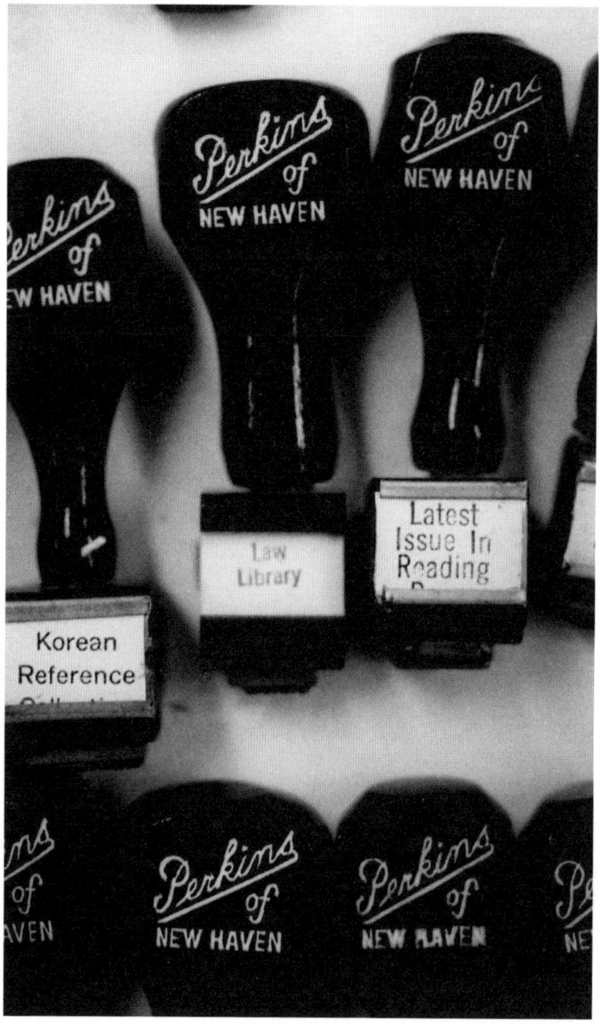
Perkins of NEW HAVEN
Korean Reference
Law Library
Latest Issue In
Perkins of NEW HAVEN
Perkins of NEW HAVEN
Perkins of NEW HAVEN
Perkins of NEW HAVEN

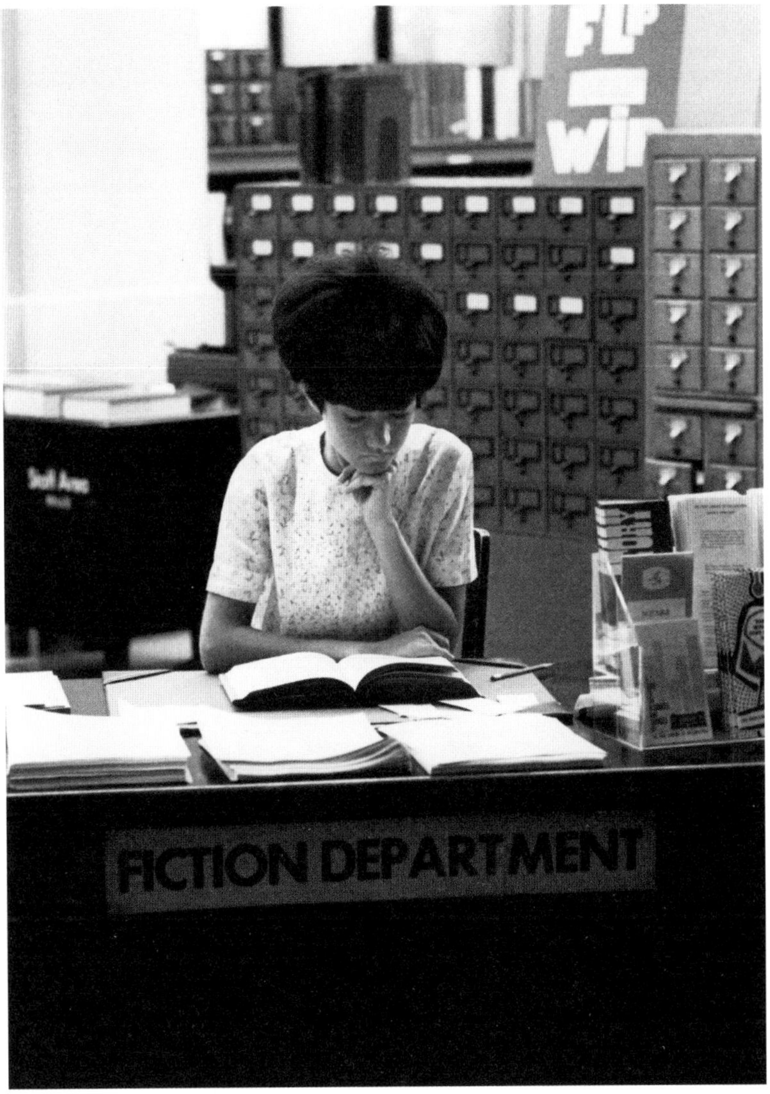
FICTION DEPARTMENT

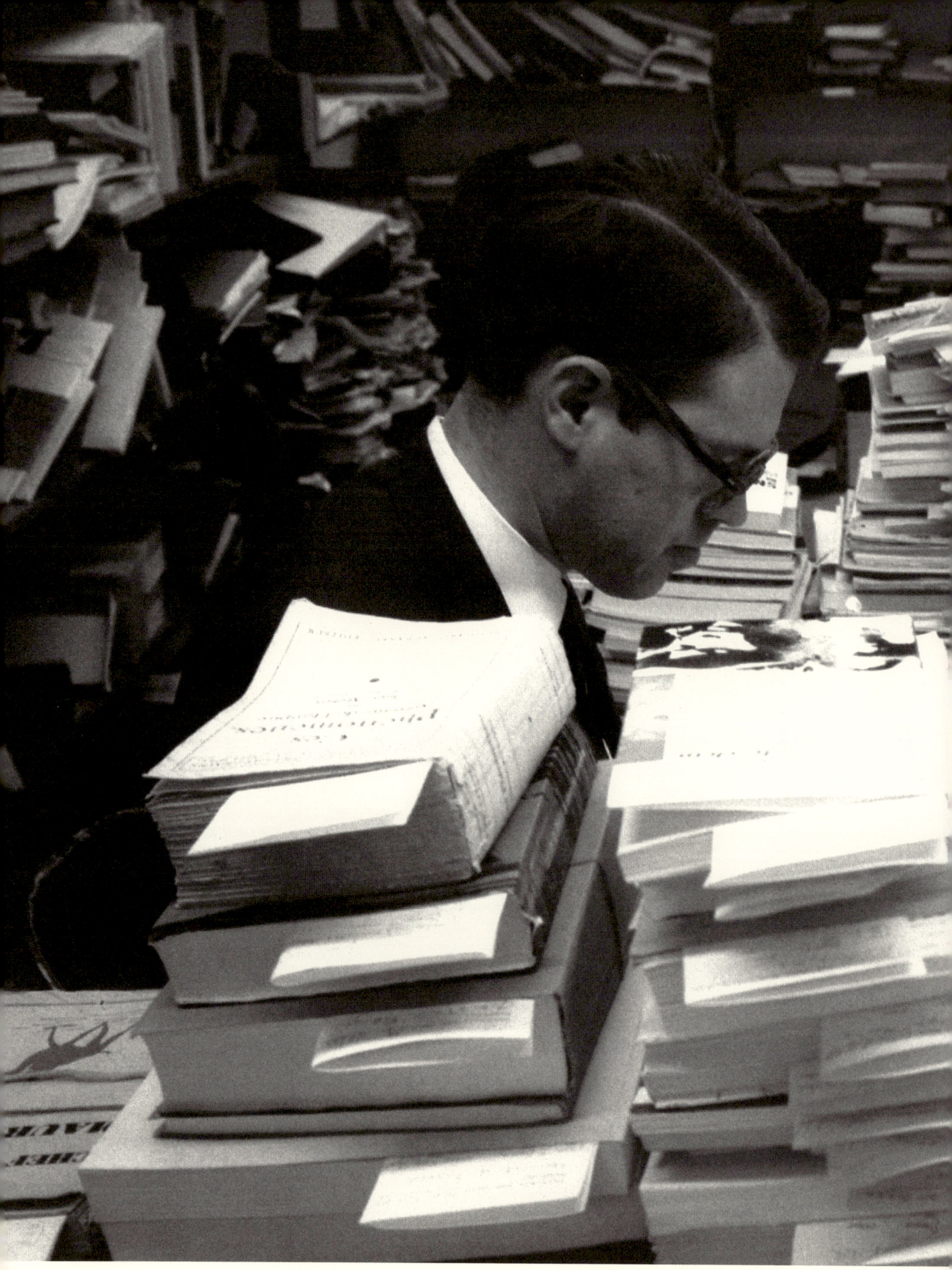

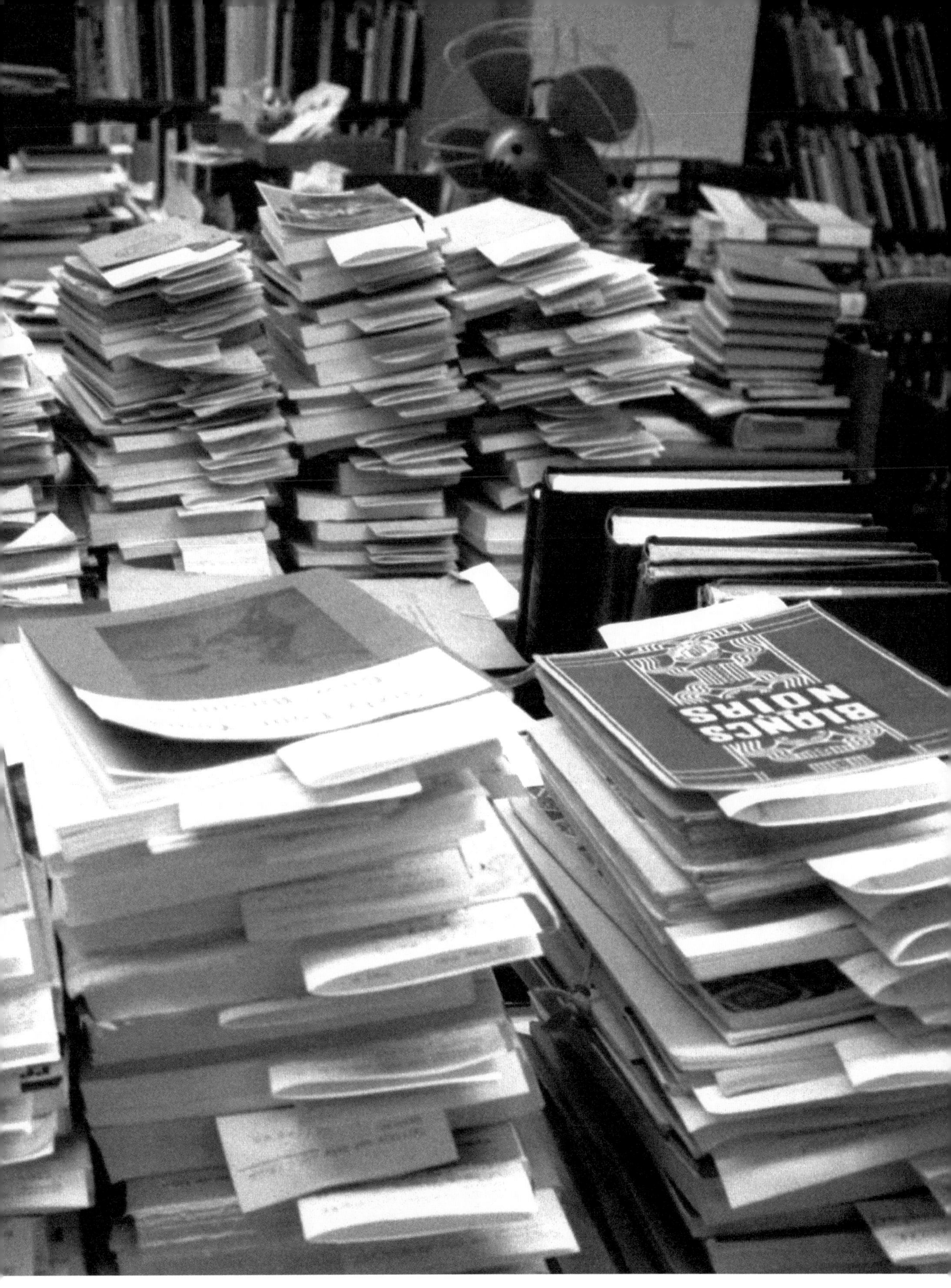
BLANCS
NOIRS

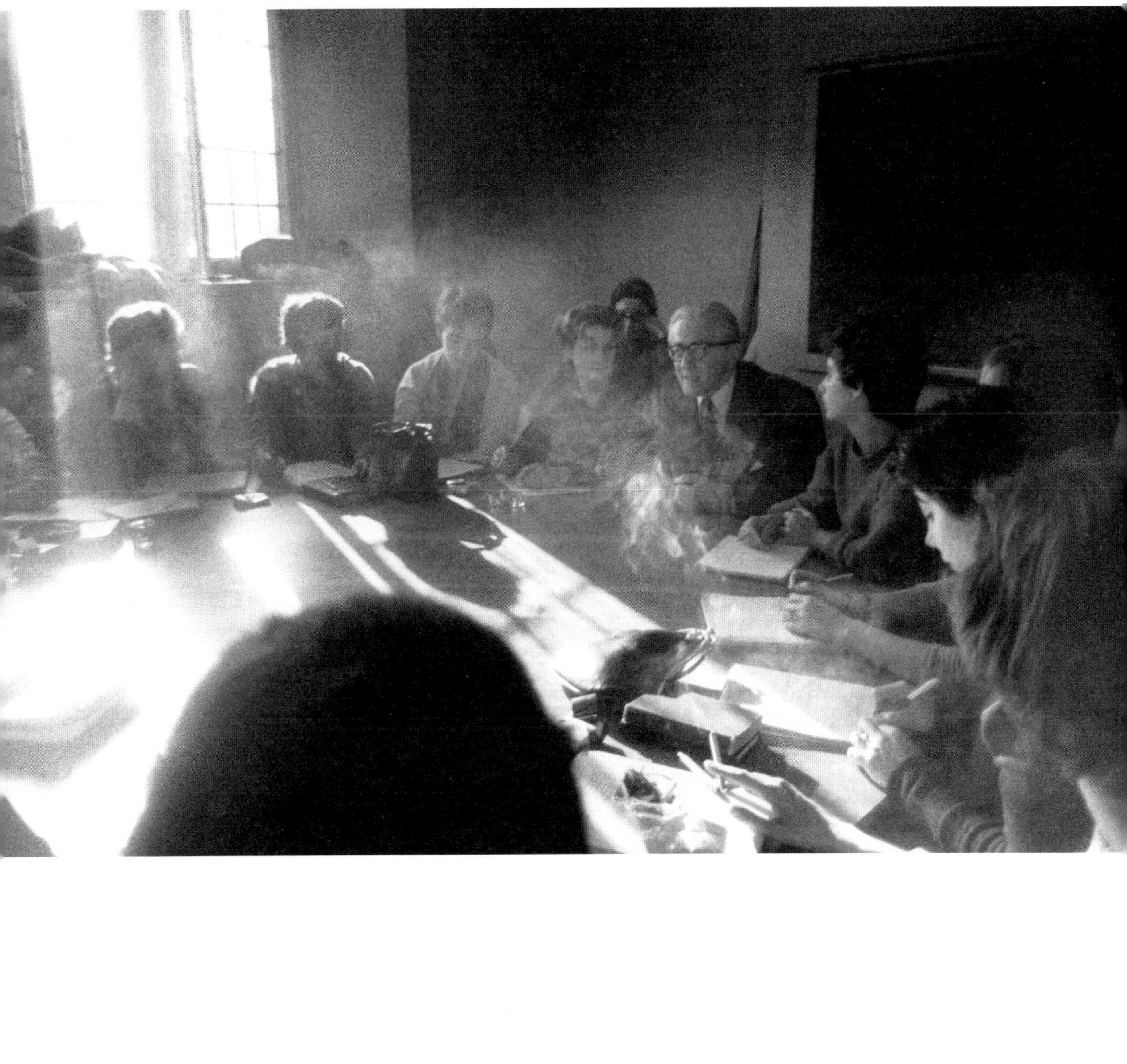

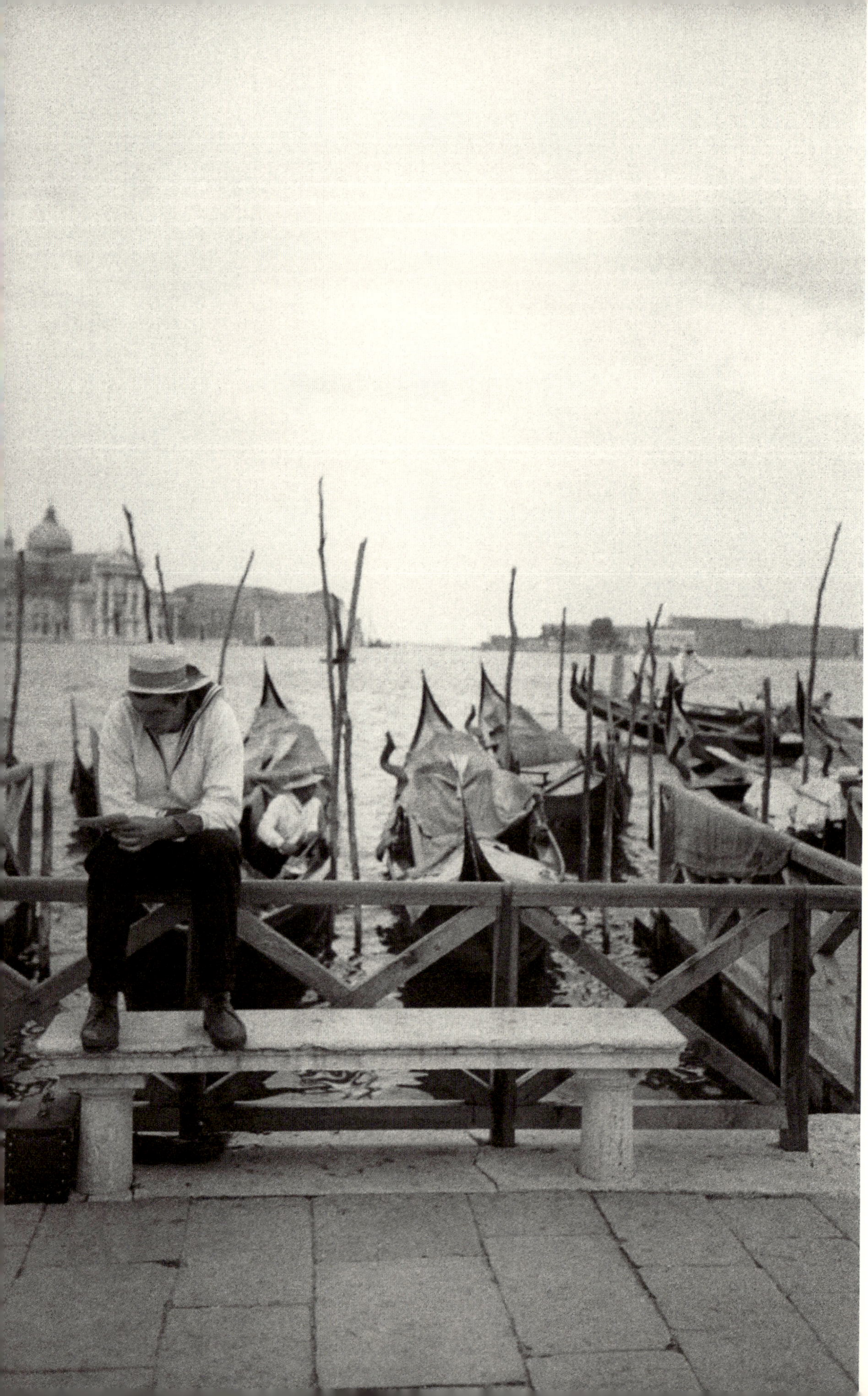

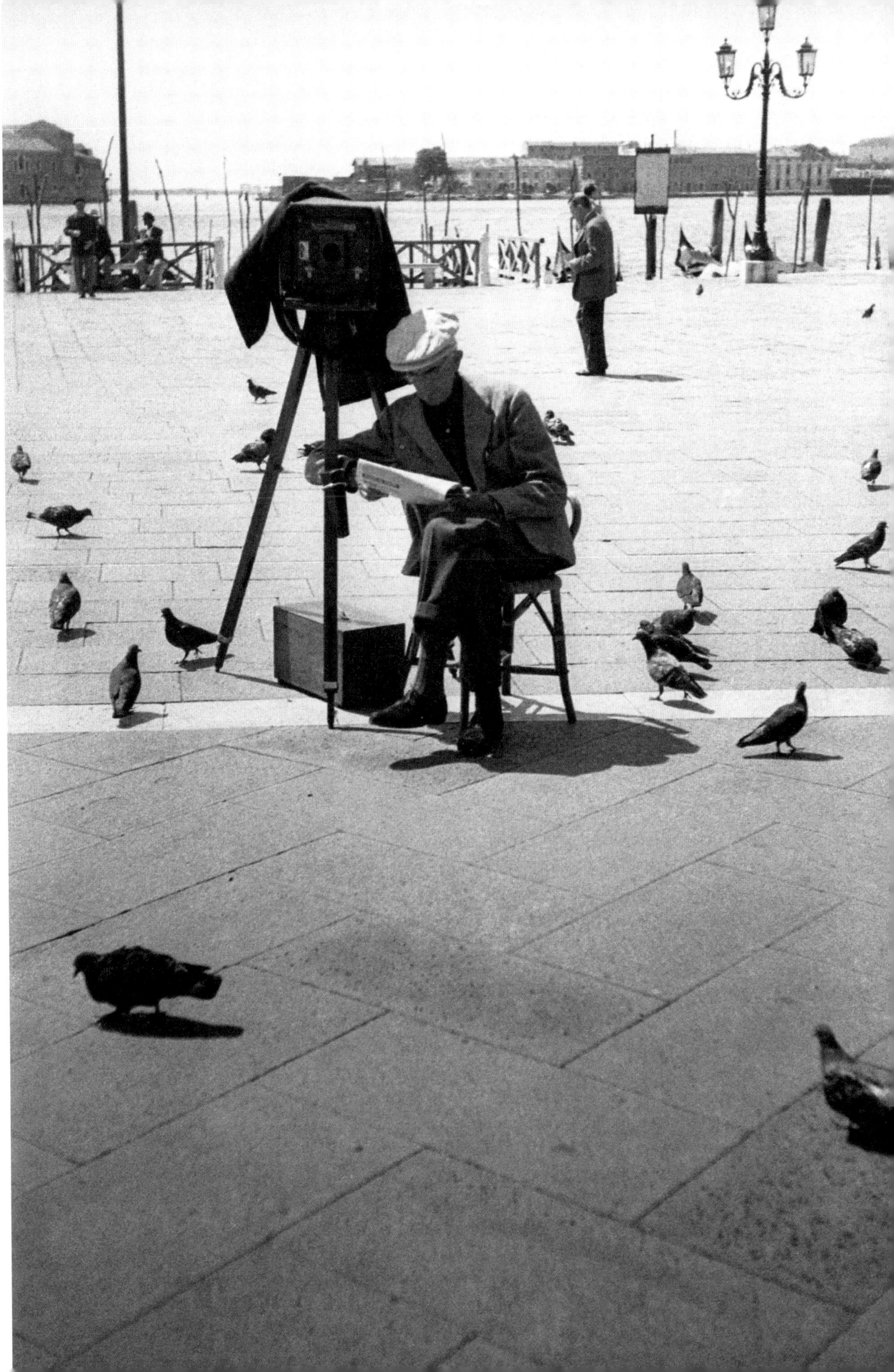

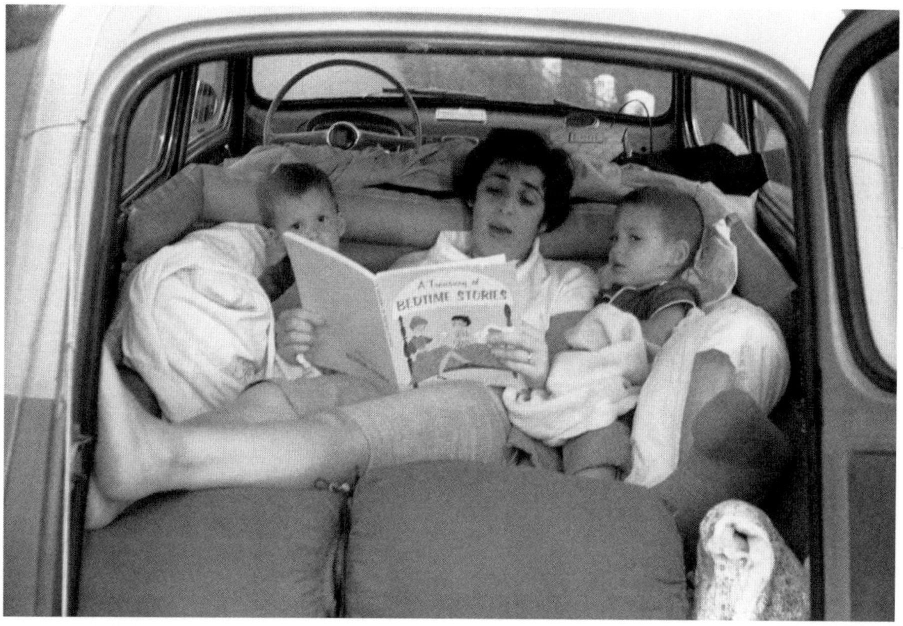
A Treasury of
BEDTIME STORIES

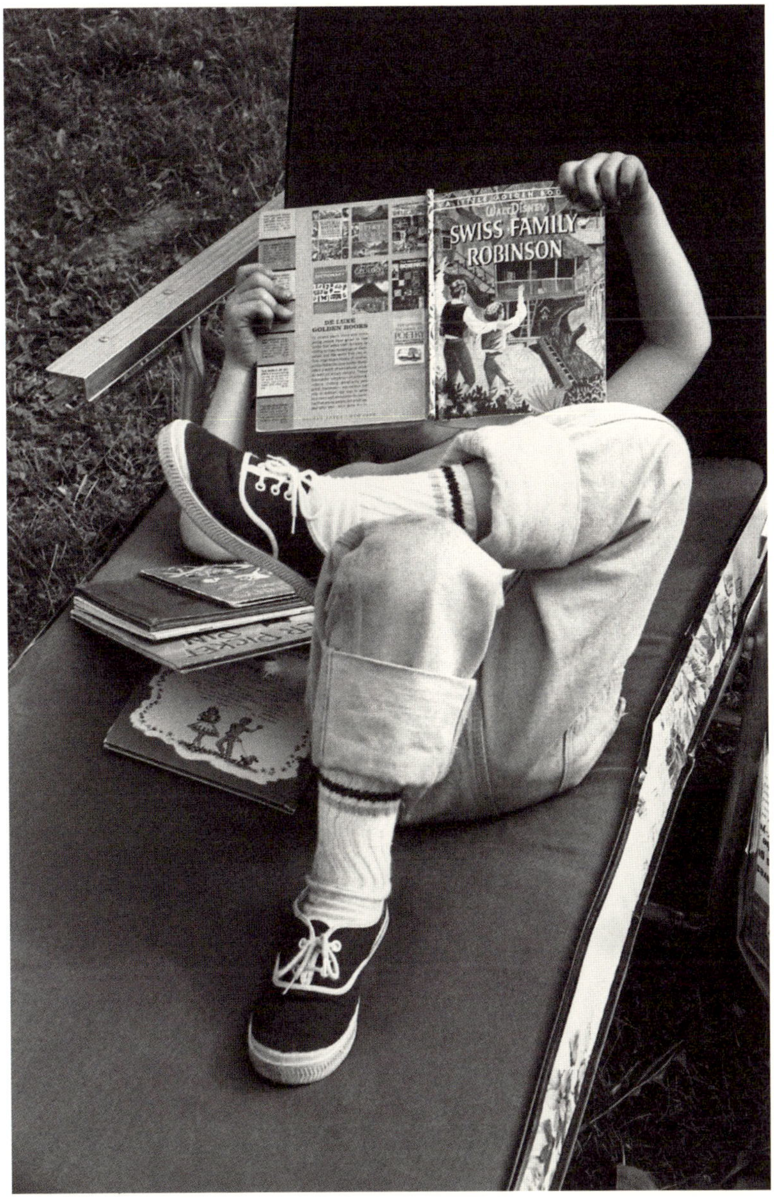
SWISS FAMILY
ROBINSON

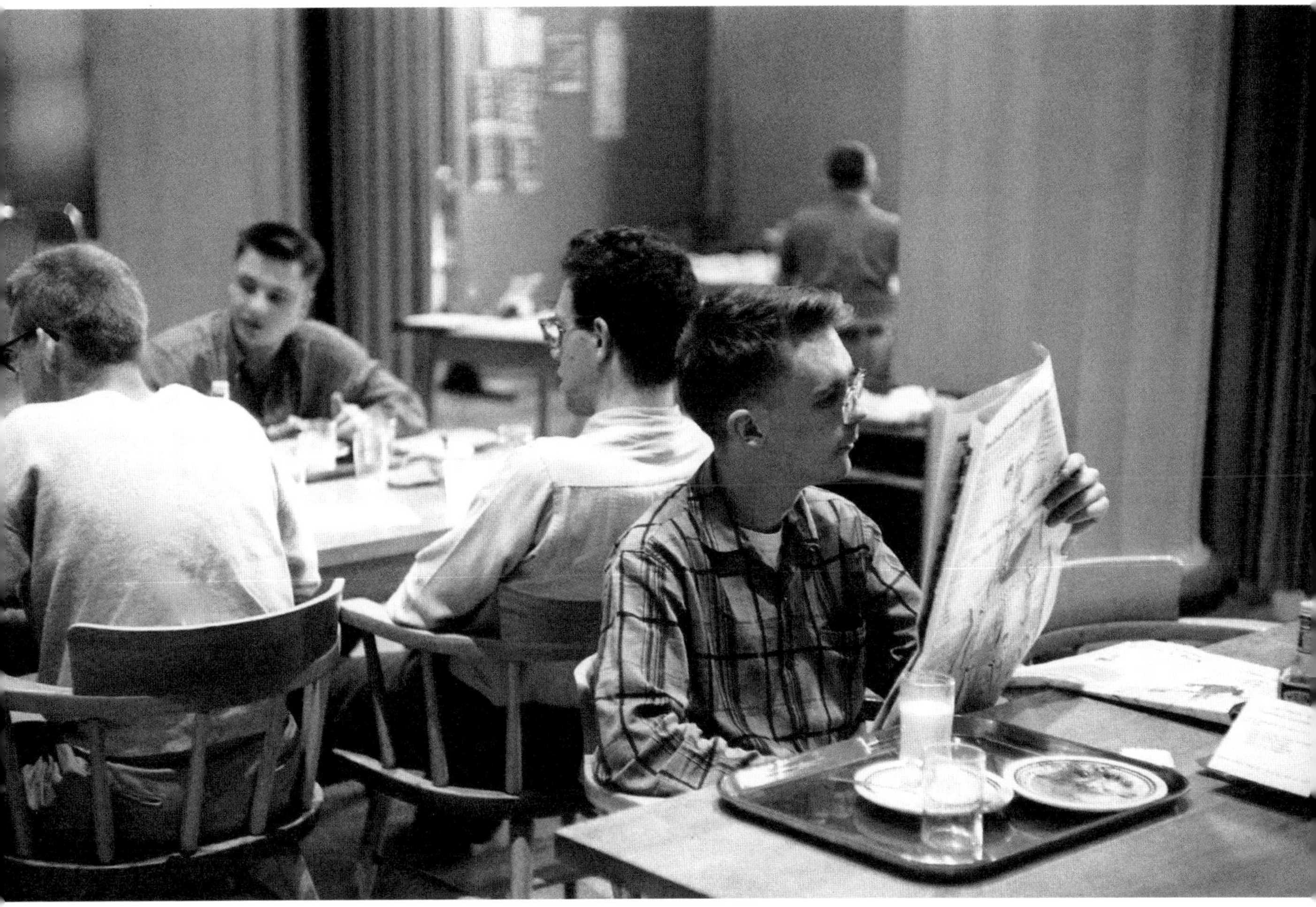

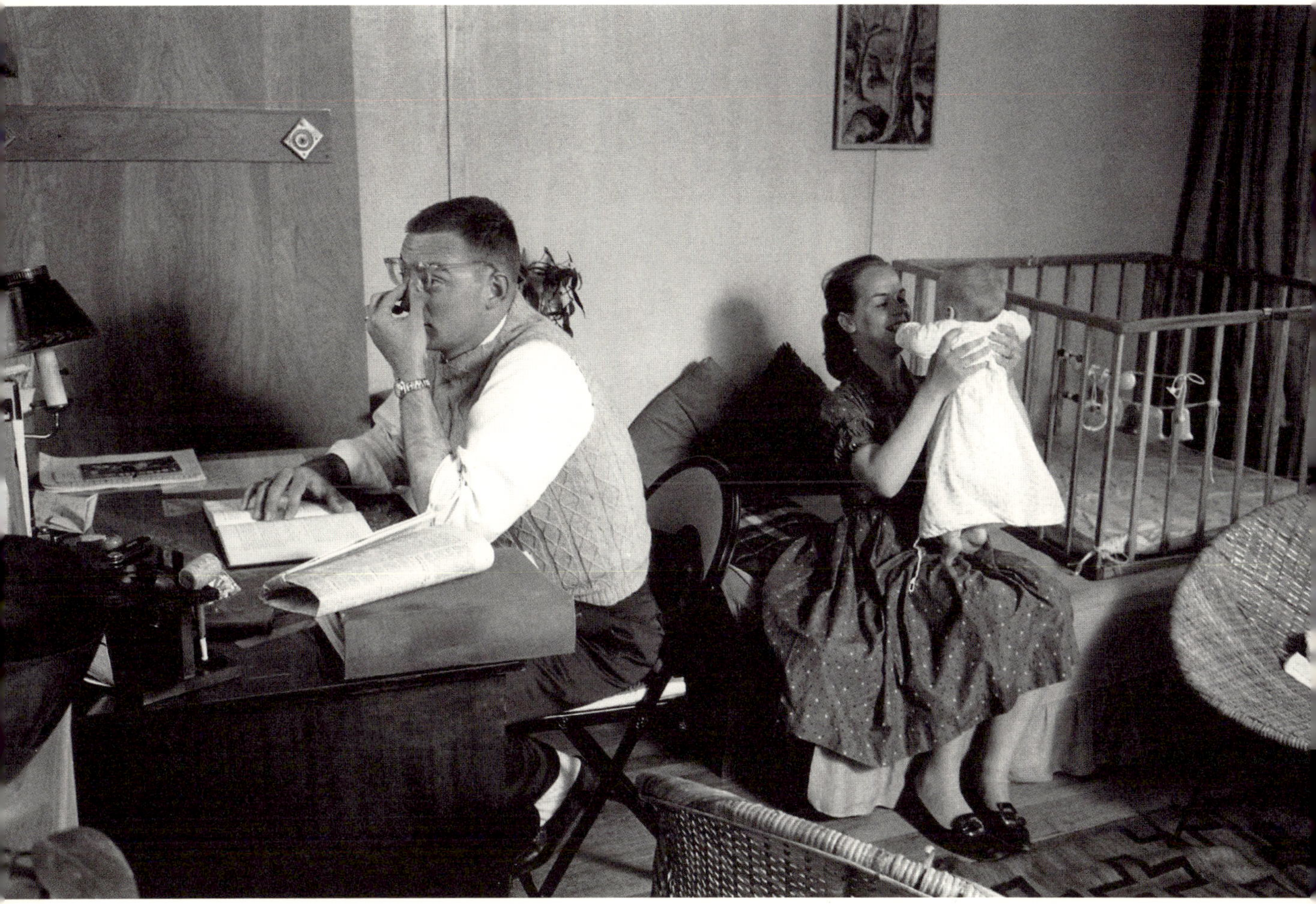

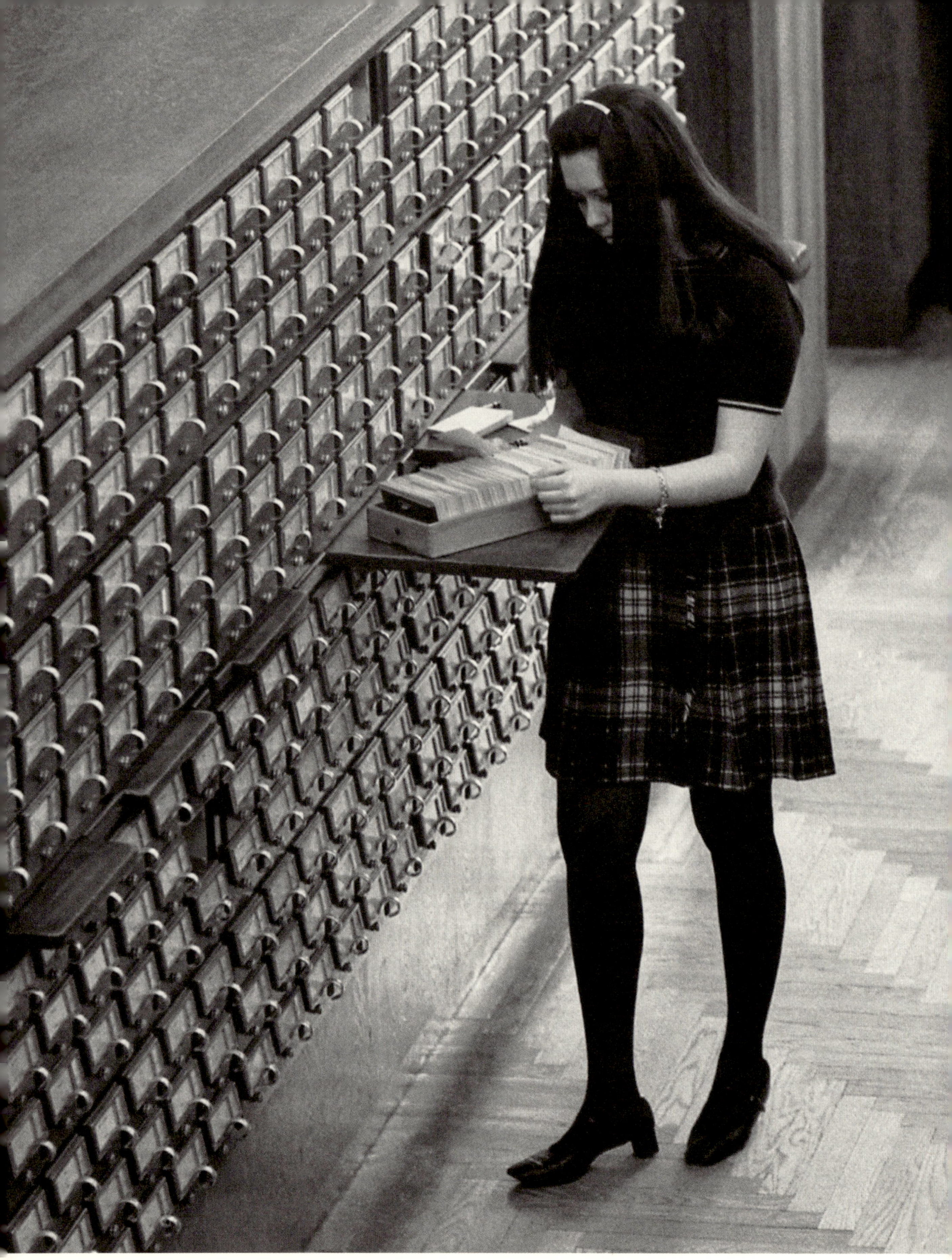

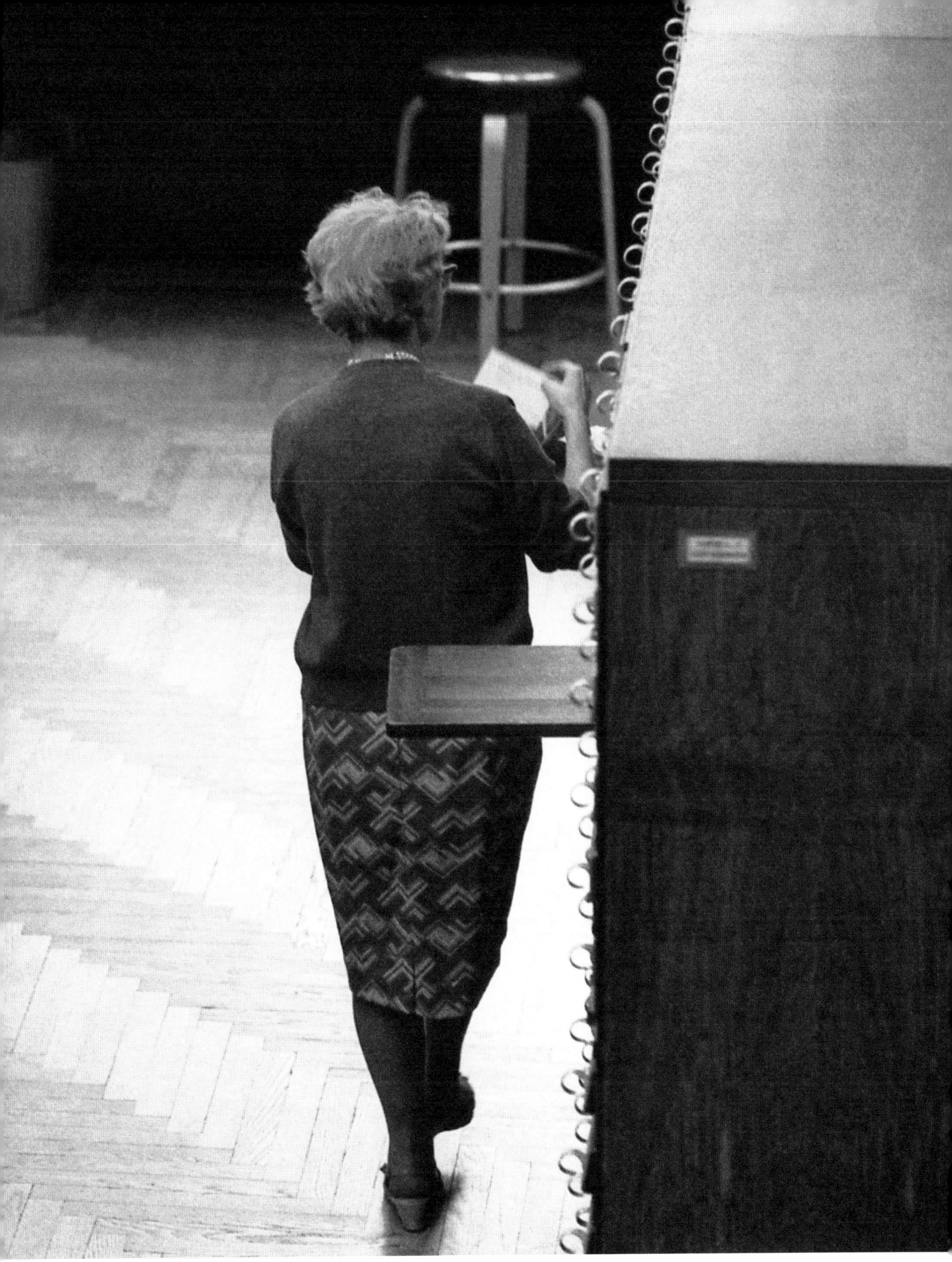

Journal d'un lecteur en dix instantanés

DANY LAFERRIÈRE

1_ Je ne suis pas toujours sûr d'être un écrivain, et cela même après vingt livres et une bonne moitié de vie passée à barboter dans l'encre, mais ce dont je suis sûr, c'est d'être un lecteur à l'affût de l'émerveillement. Il m'arrive d'être dégoûté par l'écriture et de me questionner sur la raison de poursuivre une pareille aventure, mais je n'ai jamais hésité à suivre le lapin, obsédé par le temps, qui voulait m'entraîner dans son terrier, et où j'ai retrouvé à chaque fois cet univers à la fois magique et absurde créé par vingt-six lumineuses lettres de l'alphabet. Depuis le début, je cherche à comprendre un tel mystère : comment de si minuscules lettres peuvent-elles raconter, sans jamais un signe d'ennui ou d'agacement, toutes ces histoires qui disent nos péripéties sur cette terre ?

2_ Je me souviens de ces dimanches de mon enfance où, vers la fin de l'après-midi, ma grand-mère avait l'habitude de m'emmener faire une promenade dans la petite ville où nous vivions. Ce n'était pas plus d'une dizaine de rues, mais j'attendais ce moment avec impatience, car ma grand-mère prenait le temps de converser avec tous ceux qu'elle croisait sur son chemin. Ce n'est que des années plus tard que j'ai compris qu'il s'agissait de mon premier livre d'images. Si ma grand-mère en était la narratrice, nos voisins me semblaient aussi familiers et étranges que ces personnages de conte que l'on retrouve, à chaque fois, avec le même plaisir. Pour revivre ces délicieux après-midi, je n'ai qu'à fermer les yeux.

3_ À l'époque, je détestais le jour qui m'obligeait à quitter le monde du rêve où je me sentais si libre. Je n'ai retrouvé une pareille liberté que dans les livres. Je suis nostalgique de cette fluidité qui irrigue le temps de l'enfance, ce moment que les règles et les lois vont si brutalement interrompre. C'est une saveur qu'on ne pourra retrouver que dans la lecture. Si l'écriture est fortement structurée et criblée d'obstacles qui nourrissent nos angoisses, la lecture se révèle d'une désarmante facilité (il suffit d'accepter l'univers proposé). La volonté est sûrement le moteur de l'écriture, mais c'est la curiosité qui pousse à ouvrir un livre. Il m'arrive parfois de prendre plaisir à des lectures ardues, mais cette difficulté nous permet de découvrir des aspects insoupçonnés de notre personnalité. L'obstacle est un excitant pour l'esprit qui aime autant grimper une pente que la descendre.

4_ C'était un samedi matin, et je n'avais pas encore quitté le village de mon enfance. Je me levais tôt, car j'adorais circuler dans la pénombre quand les autres dormaient encore. Je suis entré dans la chambre de mon grand-père. Il n'était pas dans son lit, mais assis à sa table. Il lisait sans bruit. Je ne connaissais que la lecture à haute voix. Il me semble, hier comme aujourd'hui, que les mots ne se réveillent que si on les dit à haute voix. Comme je ne me retourne que si on crie mon nom. Les mots, c'est d'abord des sons. À quoi bon un orchestre qui joue sans bruit. Malgré ce visage fermé, mon grand-père semblait aussi avide de savoir la suite de l'histoire que s'il lisait à haute voix. Finalement, il a senti ma présence et s'est retourné avec un large sourire. Je venais d'assister, pour la première fois, à une lecture silencieuse. Je continue à préférer la lecture à haute voix. Et quand, dans le métro, je baisse la voix jusqu'au murmure pour ne pas déranger les gens, je suis toujours surpris de l'effet négatif que cela produit. Ont-ils déjà oublié que tout a commencé par une voix qui nous lisait des contes, juste avant le sommeil ? D'où peut-être ce lien entre le rêve et la lecture.

5_ Cela faisait deux jours qu'il pleuvait. Je me trouvais dans une maison sans livres, à part une vieille Bible. Je l'ai lue comme on dévore un livre d'histoires fascinantes, et non une collection de textes sacrés. Le livre des Rois m'a passionné d'un bout à l'autre. J'y ai découvert une forme de désir que j'ignorais à l'époque : celui d'un roi pour la femme d'un de ses sujets. J'ai assisté avec effroi aux désastres que provoque le désir fou d'un frère pour sa sœur vierge. J'ai découvert, le cœur battant, le poème qui raconte l'histoire d'amour entre une femme du peuple et le jeune Salomon, fils de roi. Au tout début de ce poème à deux voix (la voix de l'homme alternant avec celle de la femme) se pose la lancinante question raciale : « Je suis noire, mais je suis belle. » Ce « mais » m'a longtemps habité. Mais le choc est venu au dernier texte avec l'Apocalypse. J'ignorais que l'esprit humain pouvait être irrigué par un alcool aussi fort. J'en étais abasourdi. Il me reste le souvenir d'une griserie qui a duré les quatre jours de pluie. Depuis, le bruit monotone de la pluie, au lieu de me faire périr d'ennui comme avant, efface plutôt les rumeurs de la ville pour me permettre d'entendre la seule musique des mots.

6_ J'allais à l'école avec ma sœur. Nous formions un étrange attelage. Les gens se tournaient à notre passage. J'avais la main gauche sur son épaule droite et je tenais le livre que j'étais en train de lire dans l'autre main. Comme un aveugle avec son guide. Ce n'était jamais un livre de classe. Plus souvent Alexandre Dumas dont j'adorais les romans d'aventures saupoudrés d'histoire. Est-il possible d'arrêter la lecture du *Comte de Monte-Cristo* ou des *Trois Mousquetaires* ? Le monde réel me semblait si pâle et dénué d'intérêt face à celui que me proposait Dumas. Je connaissais par cœur ce chemin que j'empruntais depuis des années, mais ma sœur ne m'était utile que pour m'éviter de me faire frapper par les cyclistes qui roulaient sur le trottoir. Je n'exploitais pas ma sœur qui se faisait rémunérer grassement ce service, et à dix sous le trajet, elle pouvait se payer un film le samedi ou une kermesse le dimanche matin.

7_ J'ai passé un tiers de ma vie sur une île, disons une presqu'île. Haïti partage l'île avec la République dominicaine. J'avais l'impression d'étouffer par moments. Toujours le même paysage, il est vrai, magnifique. La mer turquoise, les montagnes parfois vertes, d'autres fois chauves et cette pluie forte mais brève. Mais l'esprit est toujours affamé d'images nouvelles. Et sans les livres, mon esprit n'aurait pas survécu à une pareille diète. Dans cette ville où il n'y a pas de grandes bibliothèques privées, j'avais rapidement dévoré les rares livres que je dénichais dans les tiroirs et les placards, sous le lit et des magazines découverts dans le coffre du grenier. S'il y en a qui rêvent du trésor des pirates ou de l'or de Picsou, moi, je n'aspirais qu'à une bibliothèque bien garnie. Quand tous les livres furent lus et que je mourais de faim depuis une semaine, j'eus l'idée lumineuse d'aller emprunter chez le voisin. On me permit de lire sur place. En un été, j'avais lu et relu tous les livres que pouvait contenir la petite ville de Petit-Goâve. Je m'étais fait une réputation d'enragé de lecture. J'apprenais, en lisant, les traditions et modes de vie de pays que je ne visiterais peut-être jamais. Je sais aussi qu'une bibliothèque peut nous dire beaucoup sur les goûts intimes et les rêves secrets des gens de la maison. Il y a des livres (une demi-douzaine) que je retrouvais dans chaque maison et c'est, je crois, ce qui a permis la cohésion de cette société. Les autres livres apportent ce peu de mystère qui fait le charme d'un individu. Si je semble tout attribuer au livre, je n'ignore pas pour autant qu'il y a d'autres jeux dans la vie.

8_ Comme il me manquait de livres, j'apprenais par cœur de longs passages de mes écrivains préférés. Je pouvais réciter de larges extraits des romans de Diderot, de Camus ou des poèmes d'Aragon. J'étais une bibliothèque ambulante. Est-ce pourquoi l'écrivain argentin Jorge Luis Borges m'a tout de suite fasciné ? Pendant des années, je n'ai lu que Borges. Il était, à mes yeux, le seul héritier d'Homère. Tous deux aveugles d'ailleurs. Les amis qui connaissaient ma passion pour Borges et l'indigence de mes moyens m'envoyaient ses derniers livres. Je déjeunais, je dînais et je soupais avec Borges dont l'esprit m'enchantait, et cela sans jamais avoir eu envie de le rencontrer. Je lisais avidement ses contes ou ses brefs essais littéraires qui sont de laconiques chefs-d'œuvre, mais ce qui me reliait véritablement à Borges, c'est qu'il était avant tout un lecteur. Il raconte qu'il est entré un jour dans la bibliothèque de son père pour ne plus jamais en ressortir. Ma bibliothèque était plus dégarnie, mais, depuis cinquante ans, je n'ai jamais passé une journée sans lire au moins une page.

9_ Je me souviens de cette baignoire rose où je passais le plus clair de mon temps à rêver et à lire. J'aime être dans l'eau pour lire. C'est sûr que je suis un animal aquatique. Je me sens coupé des bruits du monde quand je me retrouve dans cette pièce exiguë mais bien éclairée. Je fais couler l'eau. Je dépose à mes pieds un téléphone, un réveille-matin (sinon je risque d'y passer la journée entière sans m'en apercevoir), une petite serviette pour m'essuyer les mains avant d'ouvrir le livre. Ainsi équipé, je peux commencer à lire, et à partir de ce moment, la planète peut s'agiter comme elle veut, je reste indifférent. Plus justement, je suis dans un autre monde avec de nouvelles préoccupations.

10_ J'ai découvert, il y a quelques années, en voyant quelques photos, que j'étais observé par un homme doux et courtois. Ce « je » englobe bien sûr tous les lecteurs que George Zimbel a si patiemment photographiés au fil des décennies. Il nous a observés en train de lire un peu partout dans le monde et dans toutes les situations. D'où vient cette passion pour les passionnés de lecture. Il faut dire que le lecteur est l'être le plus facile à photographier, ce qui ne veut pas dire qu'on en fait à coup sûr une bonne photo. À une époque où chacun veut vendre quelque chose, et parfois son âme, le lecteur n'a rien à vendre. Le vrai lecteur est si absorbé par son livre qu'il perd toute conscience de lui-même. C'est qu'il fait totalement confiance à quelqu'un (l'écrivain) qu'il ne connaît pas en espérant que ce dernier le guide à travers des contrées inédites. L'image parfaite d'un tel abandon, c'est l'intrépide petite Alice qui suit aveuglément le lapin dans son terrier afin d'échapper à l'ennui. La lecture nous sauve de ce monstre qui tue à petit feu. On n'a qu'à voir les visages apaisés, illuminés, étonnés, effrayés, ravis, attentifs ou perplexes de ces lecteurs qui ont attiré l'attention d'un photographe si sensible à la force du rêve, pour comprendre la fascination que le conte de Lewis Carroll a exercée sur les gens. Le lecteur que je suis remercie ici George Zimbel qui, par les visages des lecteurs, a voulu rendre hommage à la lecture, et peut-être à l'enfance, ce temps béni où vingt-six lettres de l'alphabet furent les clés qui nous ont permis de découvrir des mondes fascinants qui exigent une certaine intensité d'émotion pour apparaître.

Ten Snapshots from a Reader's Life

DANY LAFERRIÈRE

1_ I'm not always sure I'm really a writer, even after twenty books and half my life spent splashing through ink. But there's one thing I am sure of, and that's that I'm a reader in search of wonderment. Sometimes writing repels me and I don't understand why I'm still part of this adventure, but I've never stopped following that rabbit, obsessed by time, that wants to charm me into going down into its hole, where each time I discover the magical yet absurd universe created by the twenty-six luminous letters of the alphabet. From the very beginning, I have tried to understand this mystery: with never a moment of boredom or irritation, how can these tiny letters tell all the stories that speak of our wanderings on this earth?

2_ I remember the Sundays of my childhood when, toward the end of the afternoon, my grandmother would take me on a walk through the little town where we lived. There were no more than a dozen streets, but I waited impatiently for this moment. My grandmother took the time to converse with everyone we came across. Years later, I understood that this was my first picture book. My grandmother was the narrator, and our neighbors seemed as familiar yet strange to me as the fairytale characters I encountered each time with the same pleasure. To return to those charmed afternoons, all I have to do is close my eyes.

3_ Back then, I hated the daytime that forced me out of the dream world where I felt so free. Since, I have found that kind of freedom only in books. I am nostalgic for that fluid feeling that flows through the time called childhood, a time suddenly interrupted by rules and laws. This feeling can be found only in reading. Writing is heavily structured and burdened by obstacles that feed our anxieties, but reading turns out to be disarmingly simple (as long as you accept the universe offered to you). The writer's will is certainly the motive behind writing, but it is curiosity that makes us want to open a book. At times I take pleasure in more arduous kinds of reading, for the difficulty lets us discover unexpected aspects of our personality. Obstacles stimulate the mind that enjoys climbing a slope as much as going down it.

4_ Saturday morning: I am still living in the village of my childhood. I would get up early, for I loved moving through the darkness while other people still slept. I went into my grandfather's room. He was sitting at his table instead of being in bed. He was reading without a sound. I only knew reading out loud. It seems to me now, as it did back then, that words don't come to life unless you say them aloud. The way I wouldn't turn around unless someone yelled my name. Above all, words are sounds. What good is an orchestra that plays silently? Despite his concentration, my grandfather seemed just as eager to find out how the story would turn out, had he been reading aloud. Finally, he sensed I was there, and turned to me with a broad smile. For the first time, I witnessed silent reading. I still prefer reading out loud. When I'm in the subway and I lower my voice to a murmur to keep from disturbing people, I'm always surprised by the negative impression that creates. Have they forgotten that everything started with a voice that read us fairytales before the lights went out? Perhaps that is the bridge between dreaming and reading.

5_ It's been raining for two days straight. I was in the house without a book, except for an old Bible. I read it the way I would a storybook full of fascinating things, and not a collection of sacred texts. The Book of Kings kept me spellbound from beginning to end. I discovered a form of desire about which I knew nothing at the time: the king's desire for the wife of one of his subjects. Trembling, I gazed upon the disasters provoked by a brother's mad desire for his virgin sister. With beating heart, I read the poem that tells of the love between a woman of the people and young Salomon, the son of a king. At the beginning of this poem for two voices (the man and the woman's voice alternating), the all-important question of race arises: "I am black, but comely." The issue of the "but" stayed with me a long time. But the real shock hit me with the Book of Revelation. I had no idea that the human mind could produce such strong potions. I was completely intoxicated. I still remember the gray skies and the four straight days of rain. Ever since, the monotonous thrumming of the rain, instead of inspiring woeful boredom in me, covers the sounds of the city, revealing the clear notes of the music of words.

6_ I went to school with my sister. Together, we formed a strange procession. People turned to stare as we went by. I kept my left hand on her right shoulder, and I held the book I was reading in my other hand. Like a blind man with his guide. It was never a schoolbook. Usually it was Alexandre Dumas — I loved his adventure novels and their scattering of historical fact. Is it possible to stop reading *The Count of Monte Cristo* or *The Three Musketeers* in the middle? The real world seemed so pale and devoid of interest compared to Dumas. I knew the way by heart, I'd traveled it for years; my sister was there just to keep me from getting hit by cyclists riding on the sidewalk. And I wasn't exploiting her: I paid dearly for her services, ten cents a trip, and with that fortune she could go to the movies on Saturday or the church fair on Sunday mornings.

7_ I spent a third of my life on an island, though it's more like a peninsula. Haiti shares the island with the Dominican Republic. There were times I felt I was suffocating. The same landscape, all the time — though it is magnificent. The turquoise sea, the mountains, sometimes green, stripped bare at other times, the brief, hard tropical rain. But the mind is always questing for new images. Without books, mine would not have survived such a diet. In my town where there were no large private libraries, I quickly read my way through the few books I came across in drawers and closets, under beds, or the magazines hiding in trunks in the attic. Some might have dreamt of pirates' treasure or Scrooge McDuck's counting house, but all I wanted was a well-stocked library. Once all the books were read and I was starving to death, with nothing to read for a week, I got the brilliant idea of knocking on a neighbor's door. I was allowed to read without taking out the books. In one summer, I read and reread every book that the small town of Petit-Goâve held, acquiring a reputation as an extreme bookworm. I learned about traditions and ways of living in countries I might never visit. I also discovered that a library can tell us much about the private tastes and secret dreams of its owners. There were half a dozen books I encountered in every house, which gave society a certain sense of cohesion. The others added that mystery that makes an individual special. Though I seem to be giving books all the credit, I do know there are other games in life.

8_ Since I did not have my own books, I learned long passages of my favorite writers by heart. I could recite extensive sections of Diderot and Camus' novels, and Aragon's poetry. I was a walking library. Is that why the Argentine writer Jorge Luis Borges fascinated me? For years, I read only Borges. In my view, he was the only legitimate heir of Homer. Both of them blind. Friends who knew my passion for Borges and my lack of means would send me his latest books. I ate breakfast, lunch and dinner with Borges; the man's mind enchanted me, though I had no desire to actually meet him. I greedily read his fictions and brief literary essays, true laconic masterworks, but what really bound me to him was that, above all, he was a reader. He told how one day he entered his father's library and never came out. My library was much sparser but, for over fifty years, I have never spent a day without reading at least one page.

9_ I remember that pink bathtub where I spent most of my time, dreaming and reading. I like being in water when I read. I'm an aquatic animal, no doubt about it. I feel isolated from the world's uproar when I inhabit this narrow but well lit room. I run the water. At my feet I set the telephone, an alarm clock (if not, I might spend all day there without realizing it) and a small towel to dry my hands before picking up a book. When all is ready, I can begin reading, and from that moment on, the planet can contort all it wants, I am elsewhere. More to the point, I am in another world with new concerns.

10_ Several years back, upon seeing a series of photographs, I discovered I had been observed by a gentle, courteous man. When I say "I," I mean all the readers George Zimbel has so patiently photographed over the last decades. He has observed us reading everywhere in the world, and in every situation. Which is where his passion for passionate readers comes in. The reader is the easiest being to photograph, which doesn't mean you can always take a good picture. At a time when everyone wants to sell something, sometimes their soul, the reader has nothing to sell. True readers are so absorbed by their book that they lose all self-consciousness. They give themselves totally to someone (the writer) they don't know, hoping the writer will guide them through unknown territories. The perfect image of this letting go is intrepid Alice, blindly following the rabbit into its hole to escape her boredom. Reading saves us from that monster that kills by degrees. Observe these readers' faces — peaceful, illuminated, astonished, frightened, delighted, attentive, perplexed — that attracted the photographer's attention, an artist so sensitive to the force of dreams, and you will understand the fascination that Lewis Carroll's story has over people. The reader I am thanks George Zimbel who, through other readers, decided to pay tribute to reading, and perhaps to childhood too, that sacred time when the twenty-six letters of the alphabet were the keys that unlocked fascinating worlds that demanded emotional intensity before they would appear.

Fin

The End

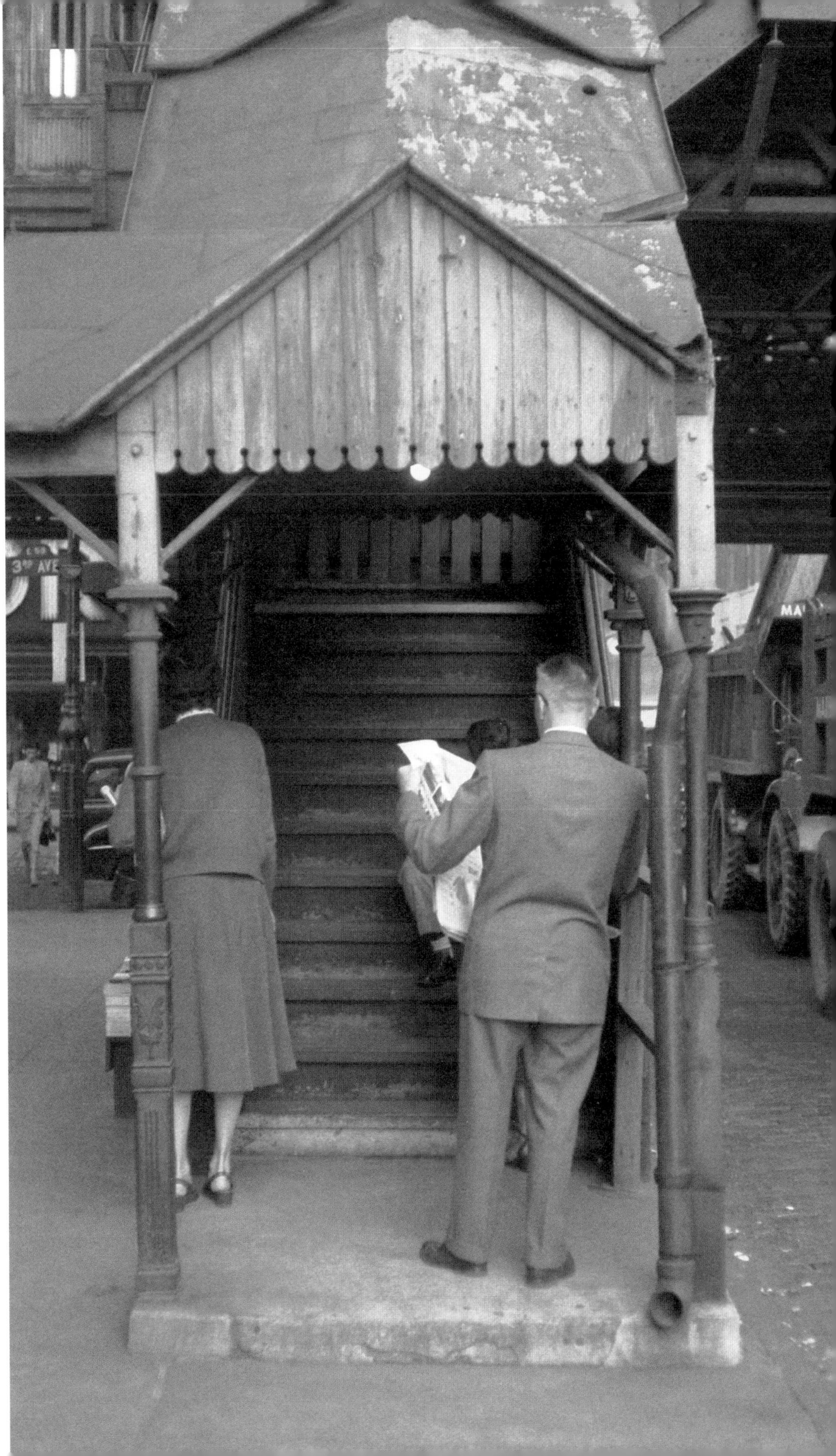
3RD AVE

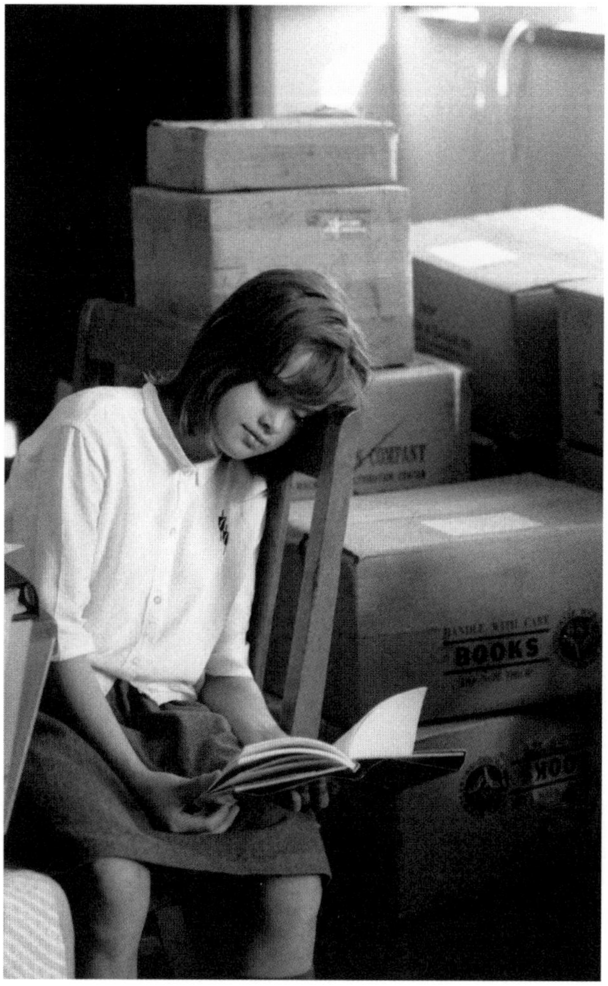
HANDLE WITH CARE
BOOKS

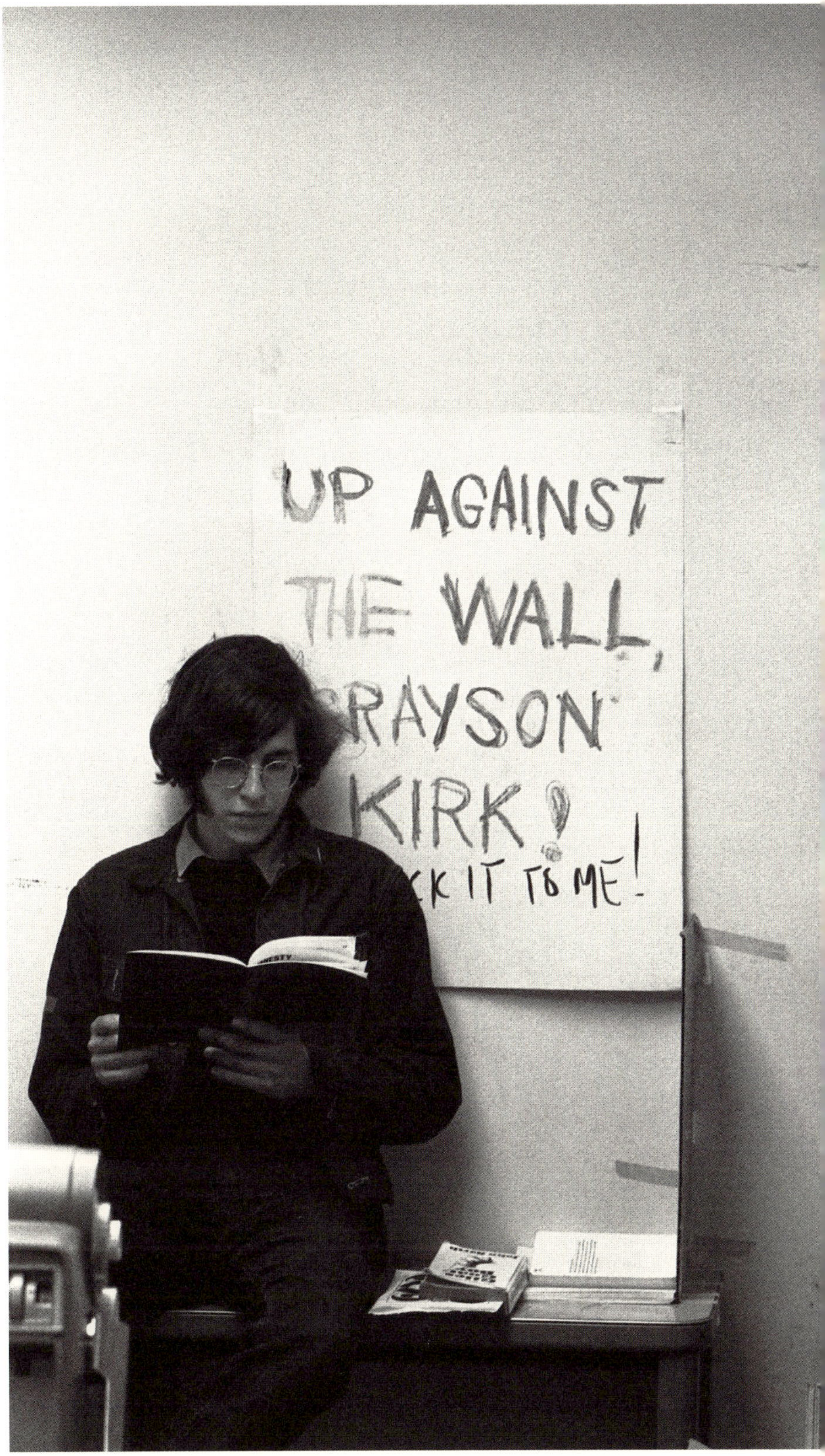

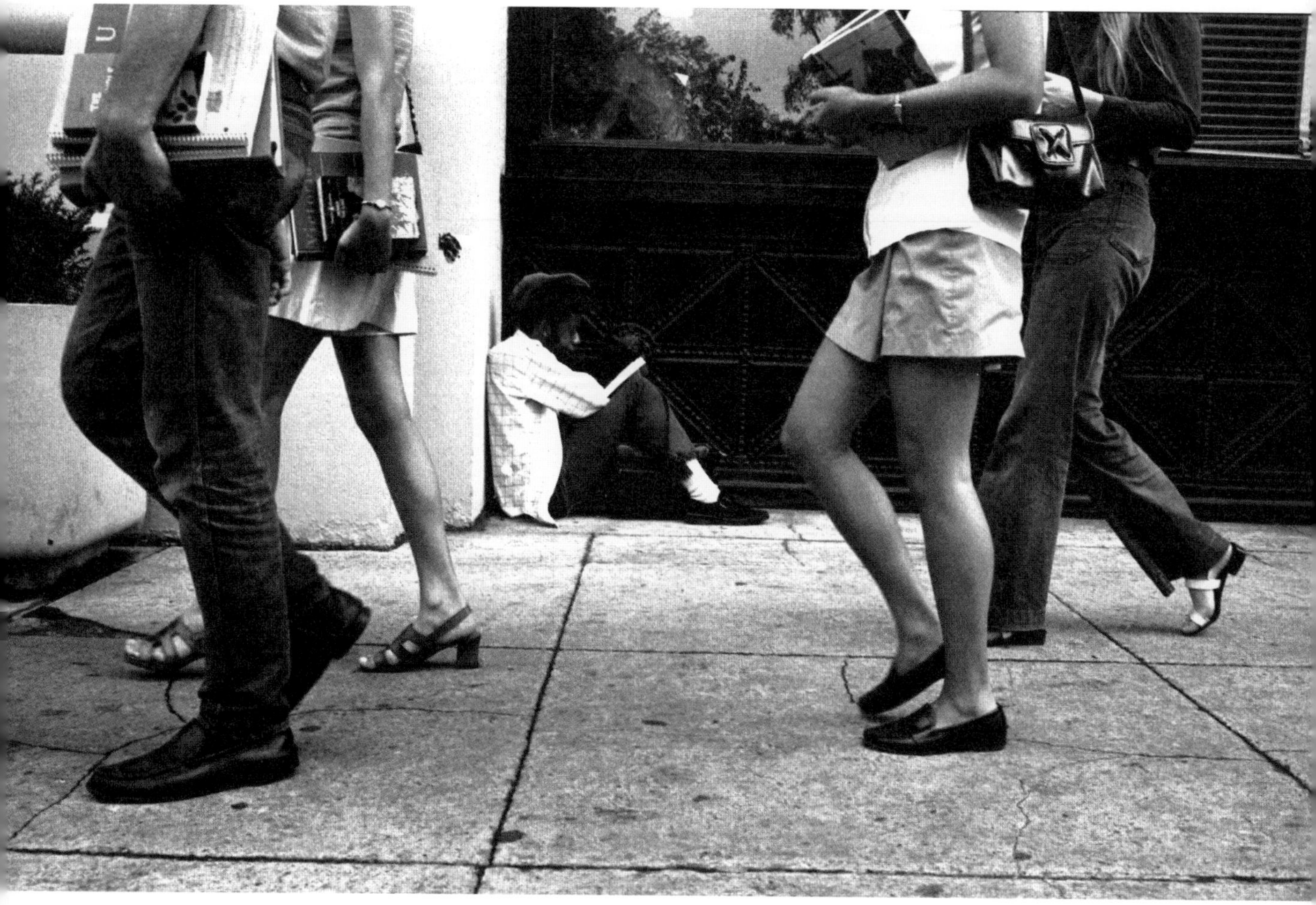

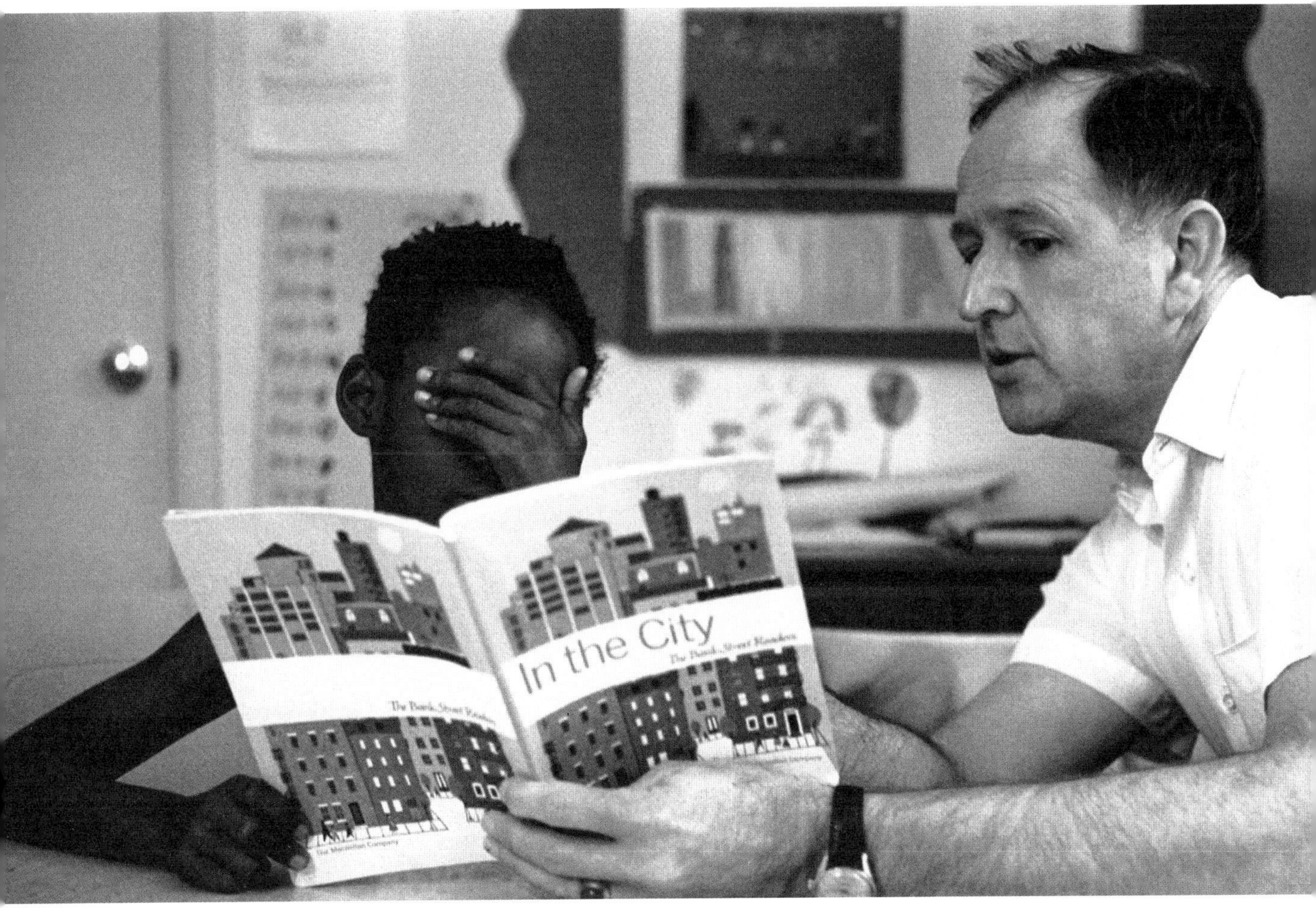
In the City
The Bank Street Readers

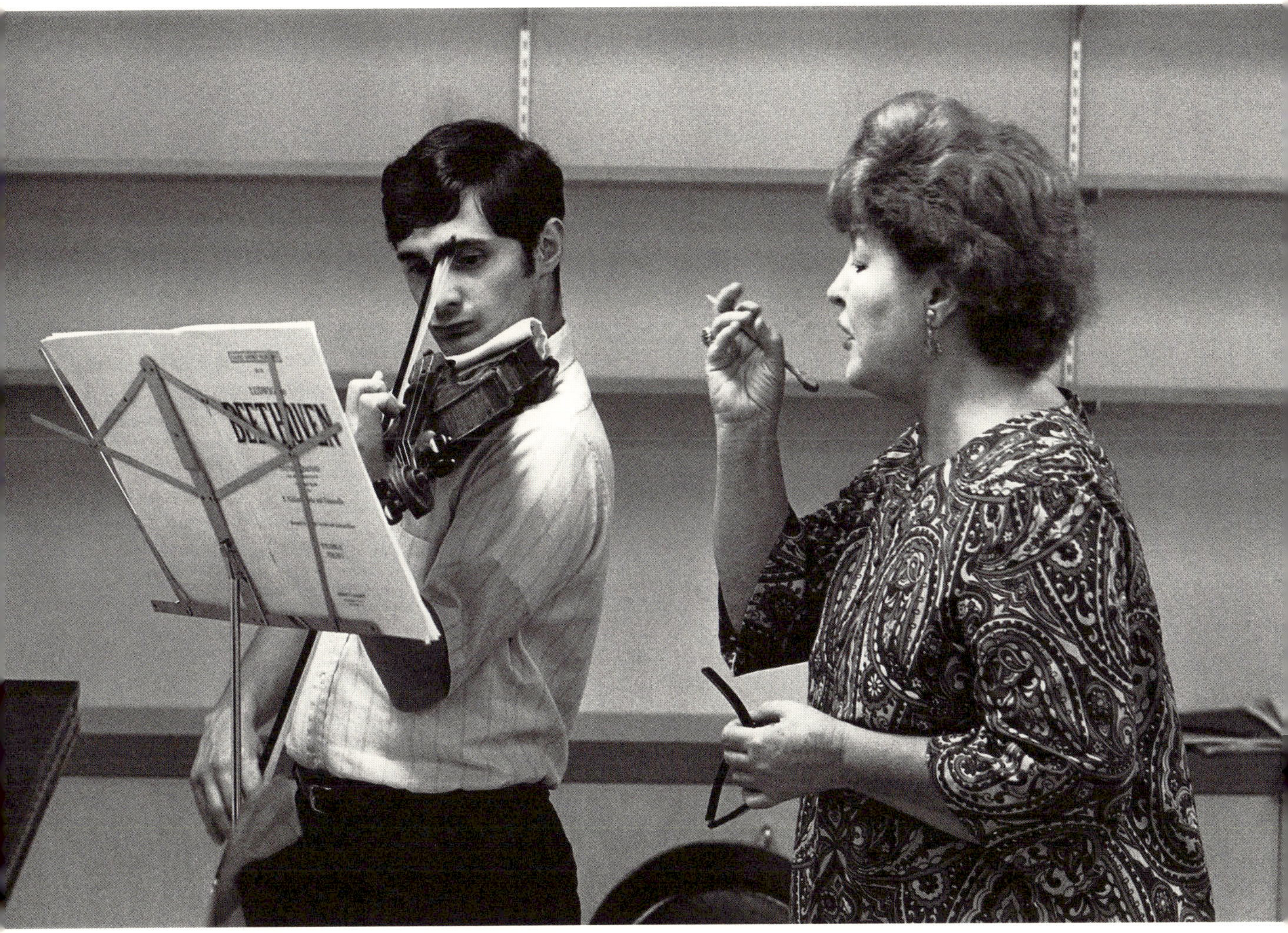
BEETHOVEN

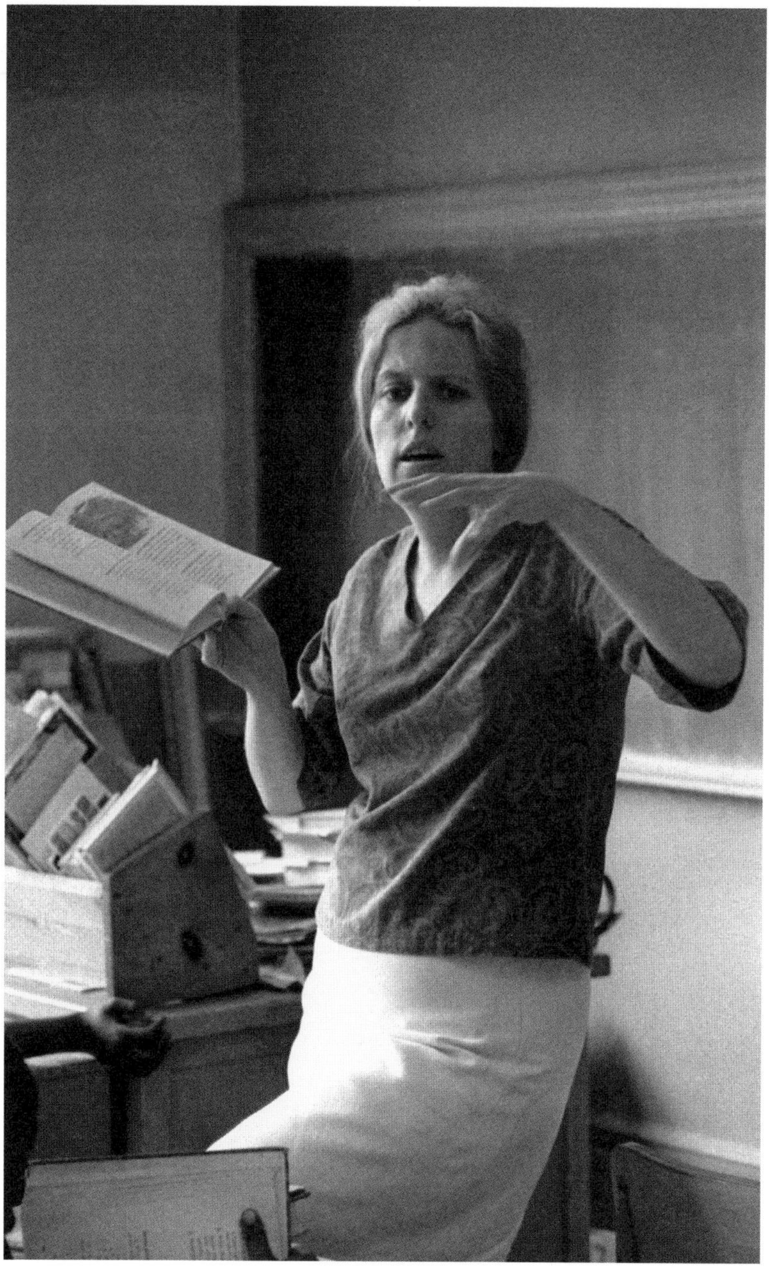

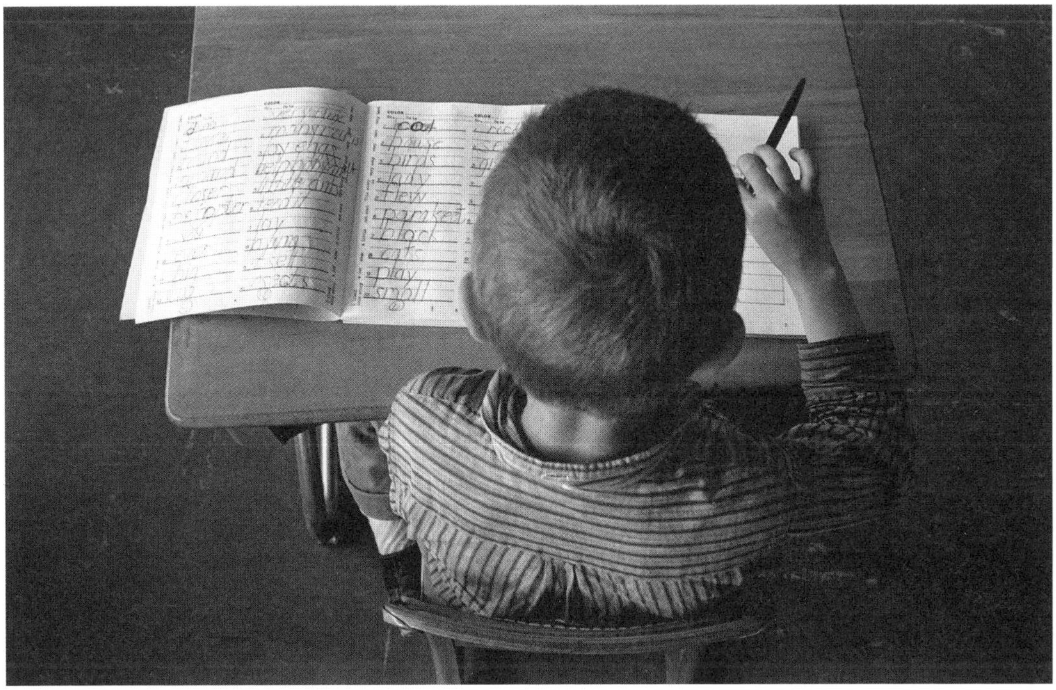

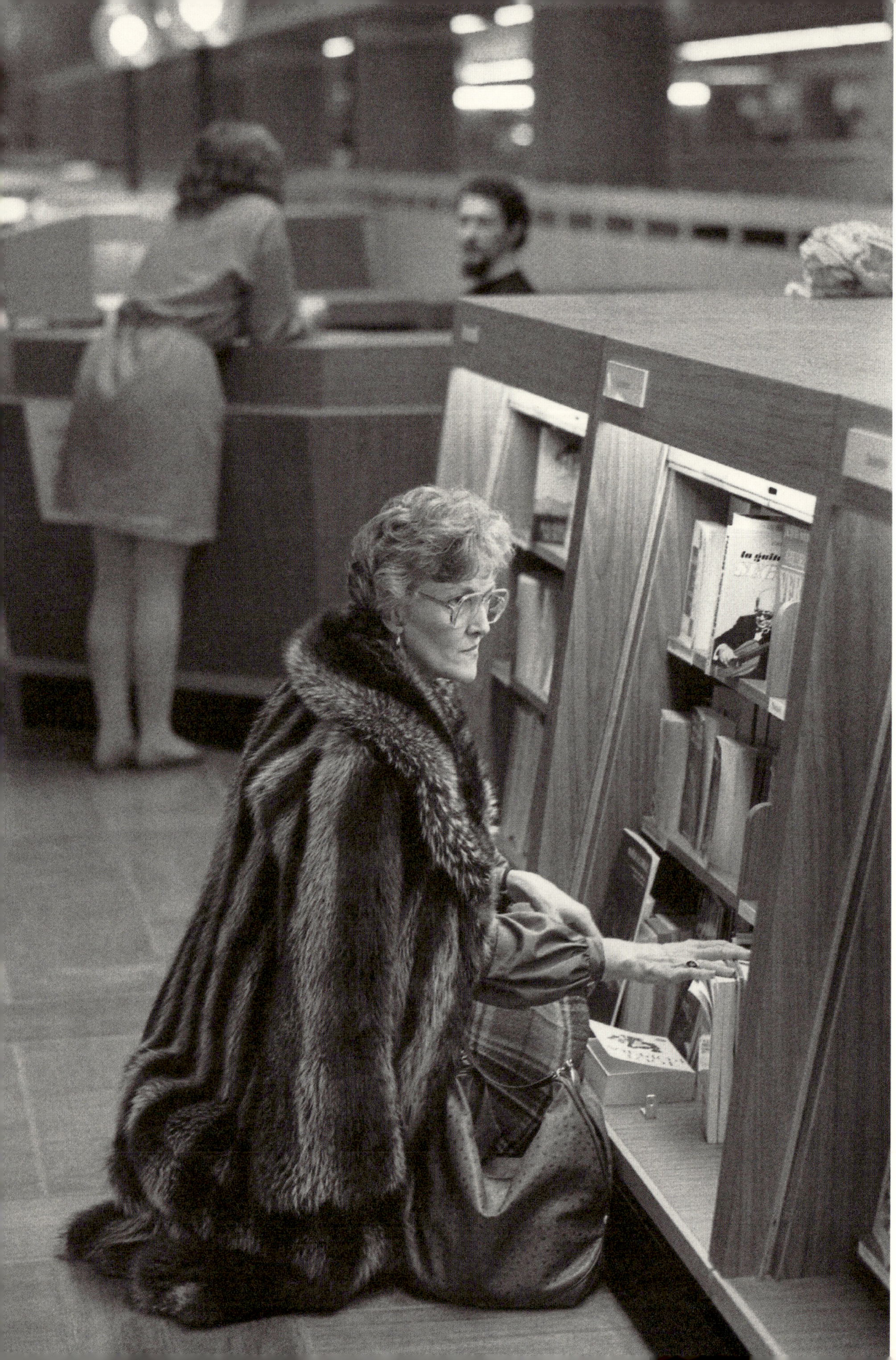

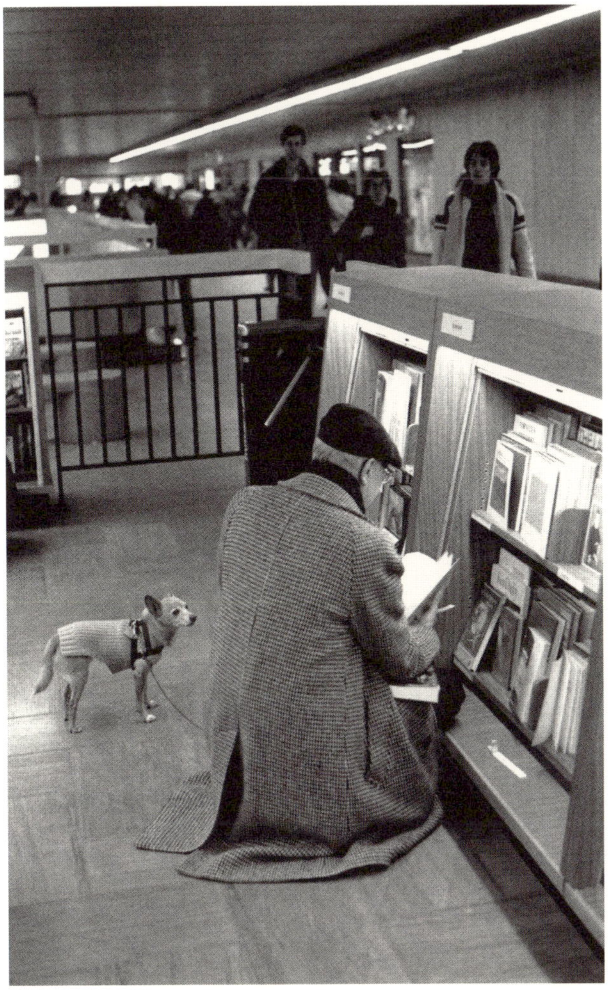

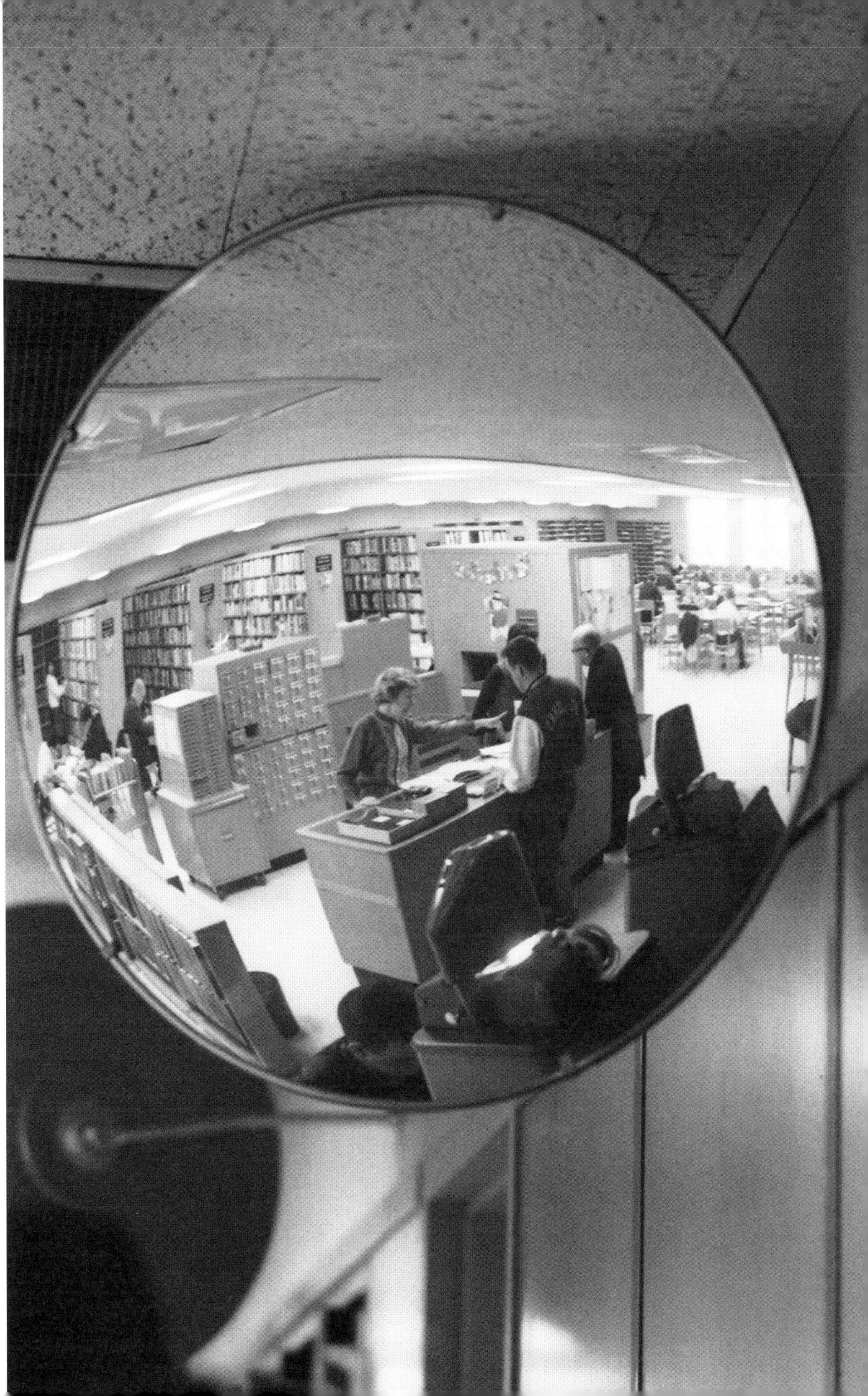

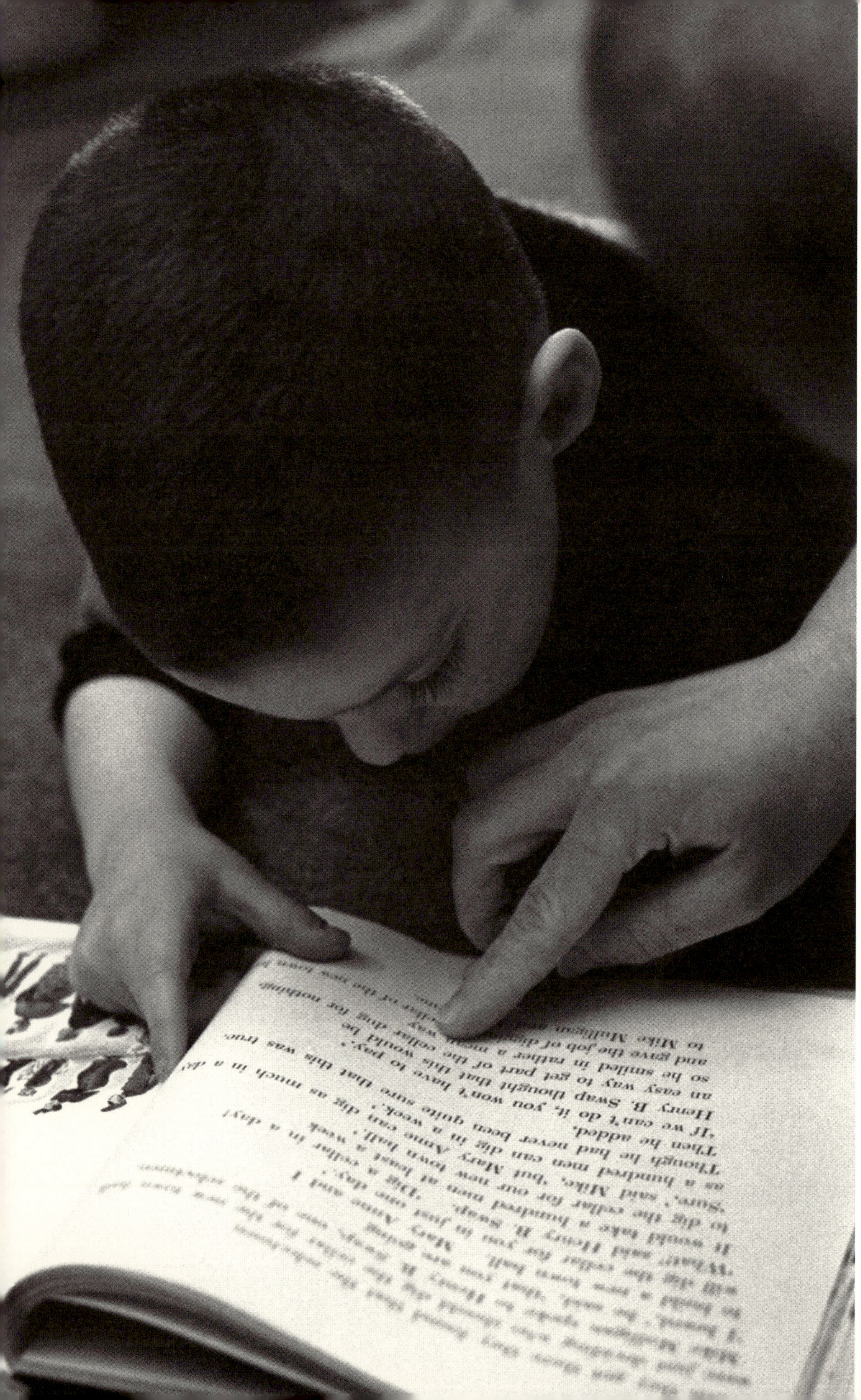

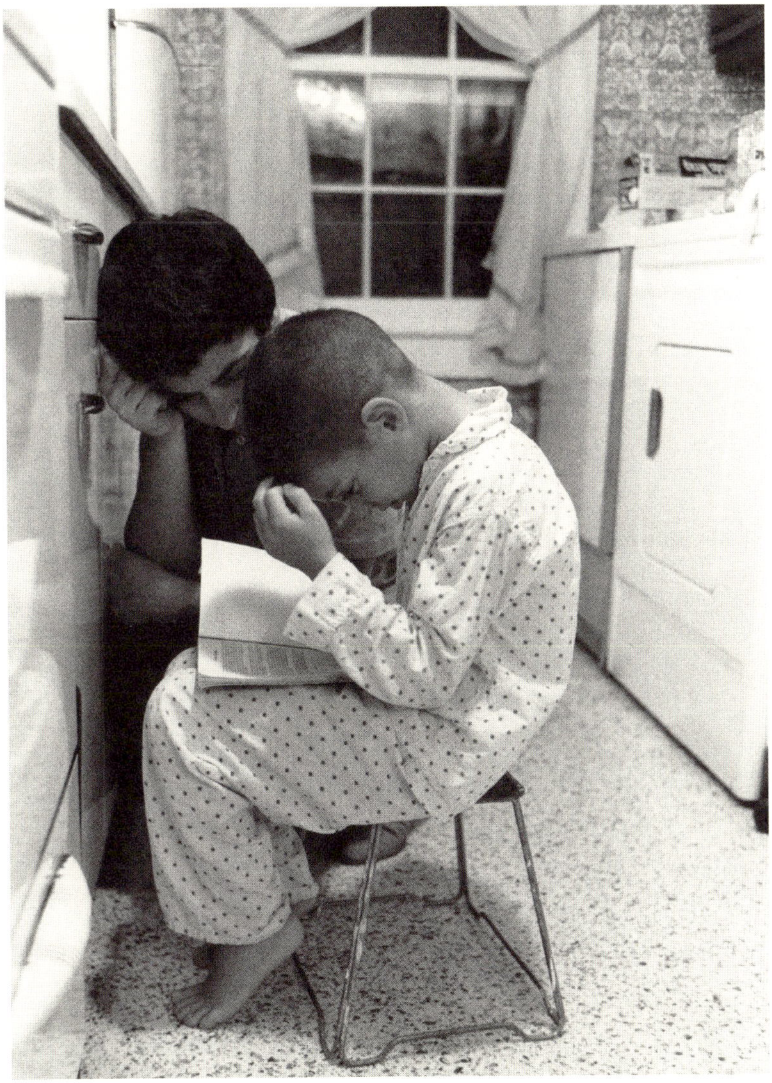

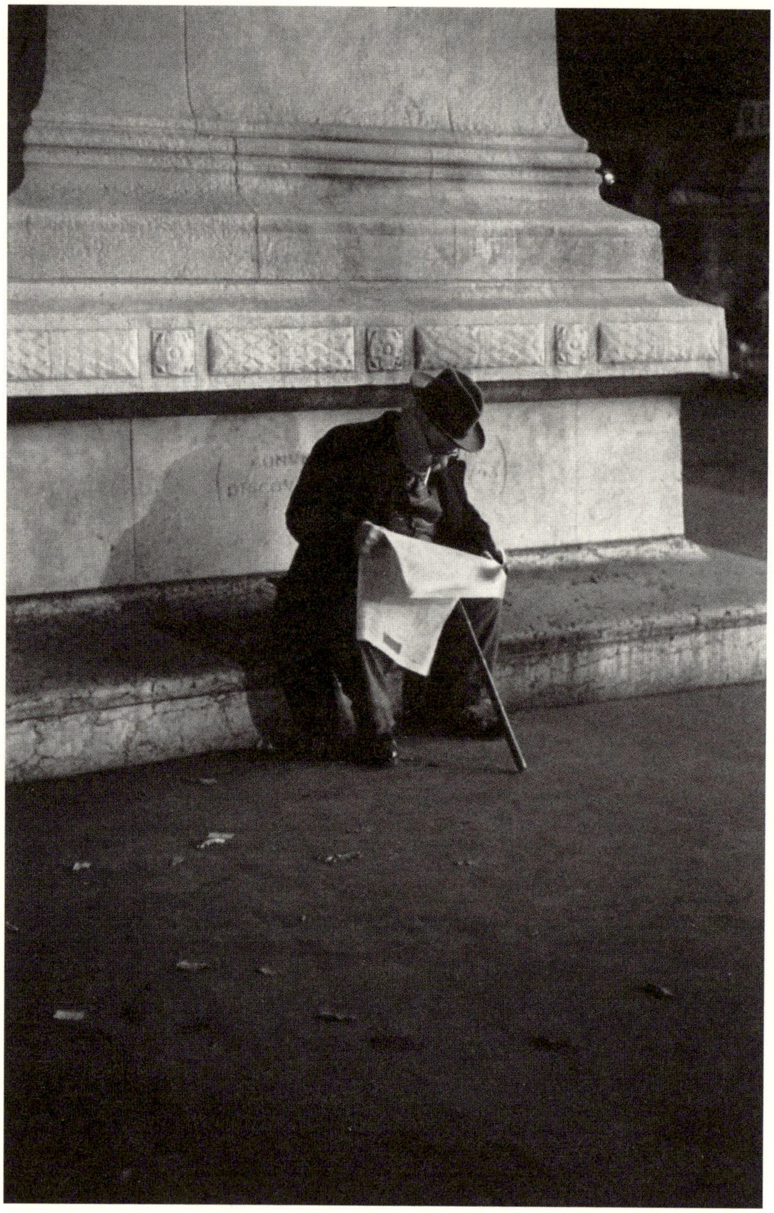

1952
Man reading w/ ciga(r)
of statue - night - (?)
+ then graduated burn(?)
to his head for
1 Min #5 Pratt on

1952 #
Paris, Man walking do(wn)
20 sec overall; 1(?)
~~#~~ 0 sec + rt wa(?)
Trees + top 2(?)
in #5 Pratt on

1952 Paris - Man + ##

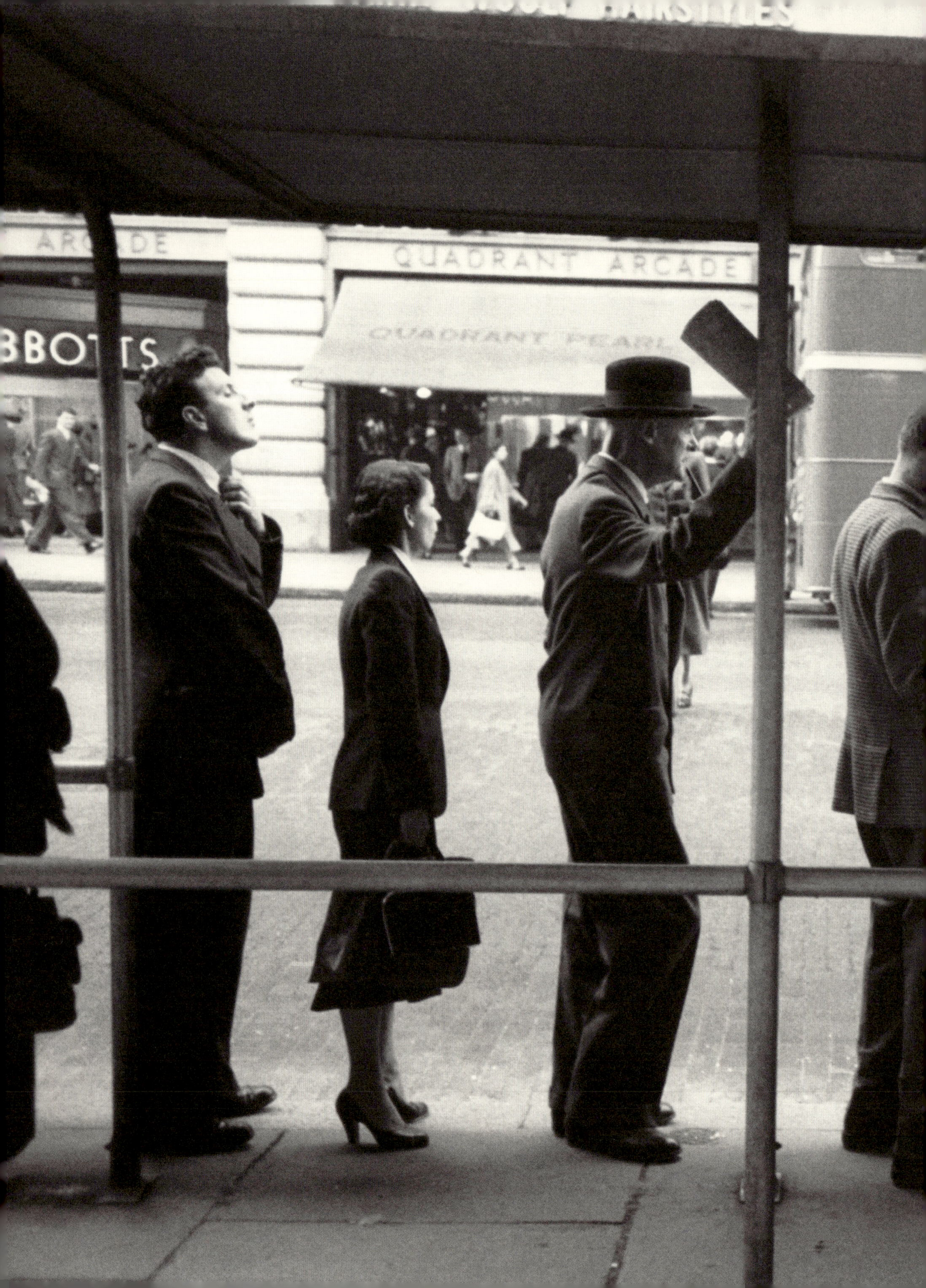
ARCADE
BBOTTS
QUADRANT ARCADE
QUADRANT PEARL

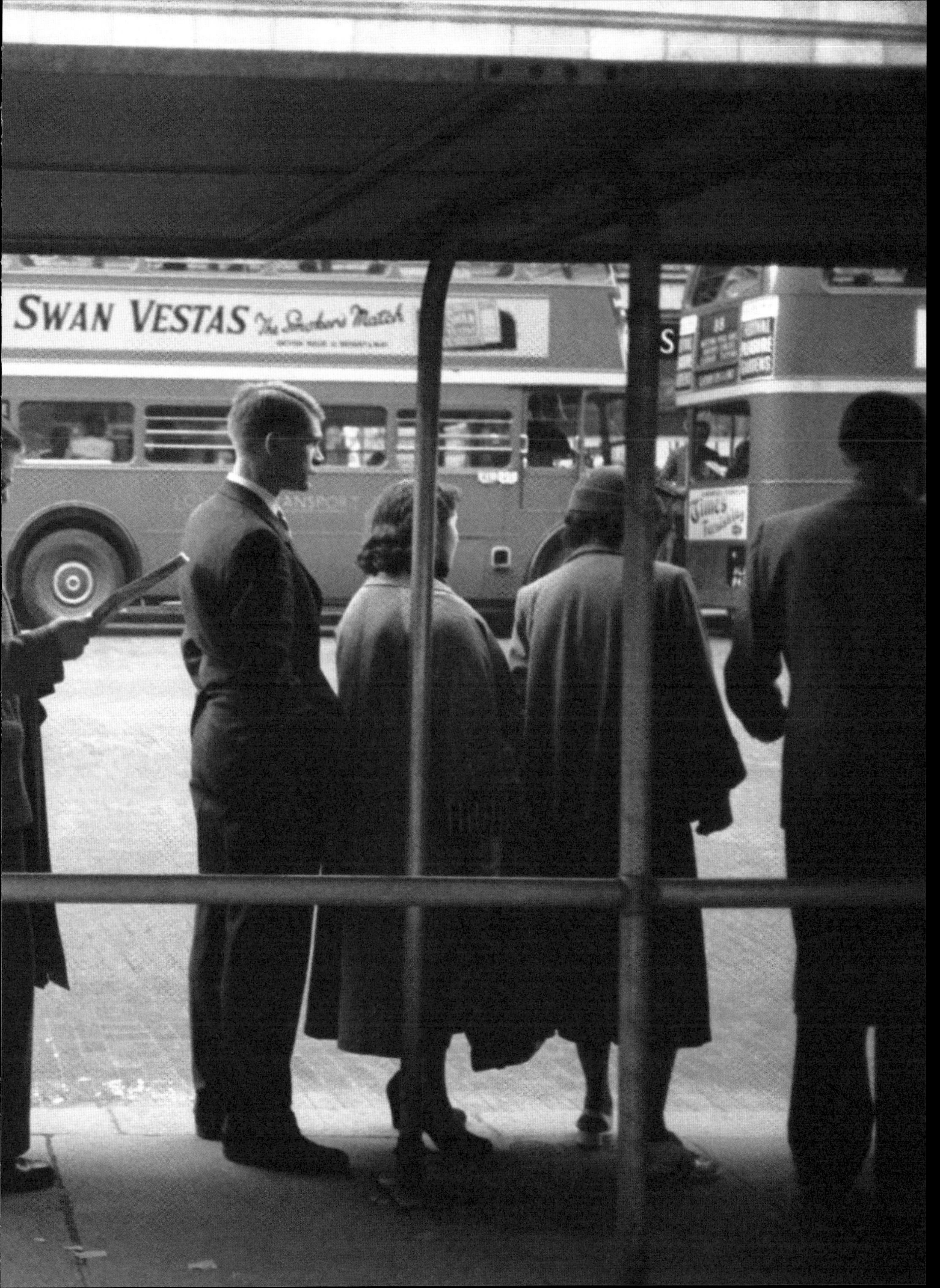
SWAN VESTAS
The Smoker's Match

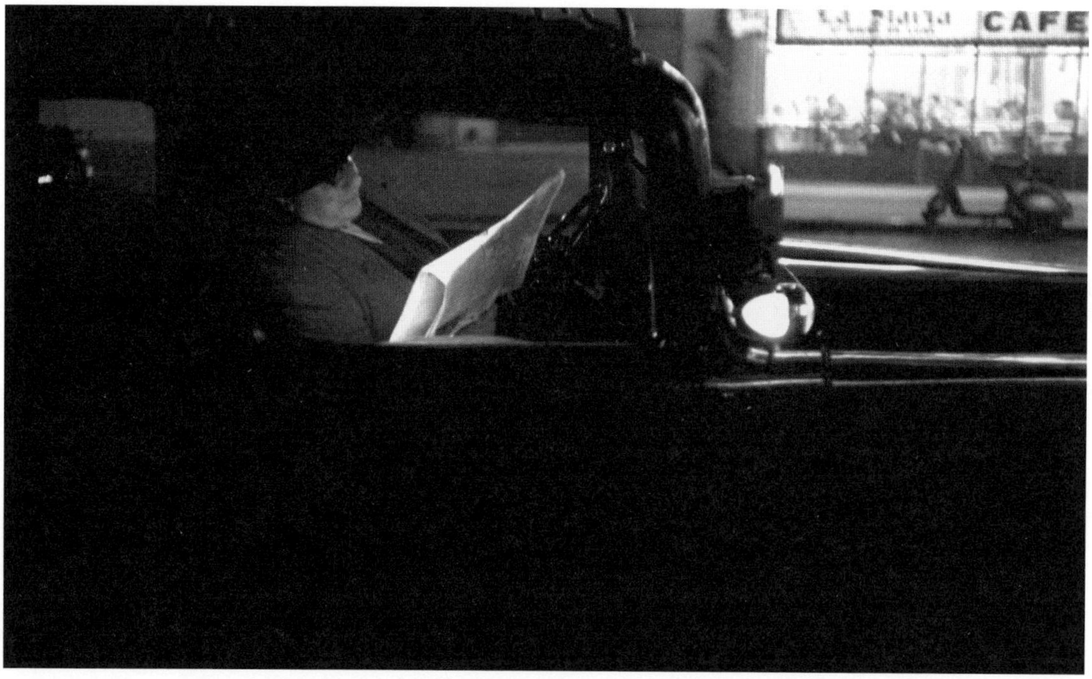
CAFE

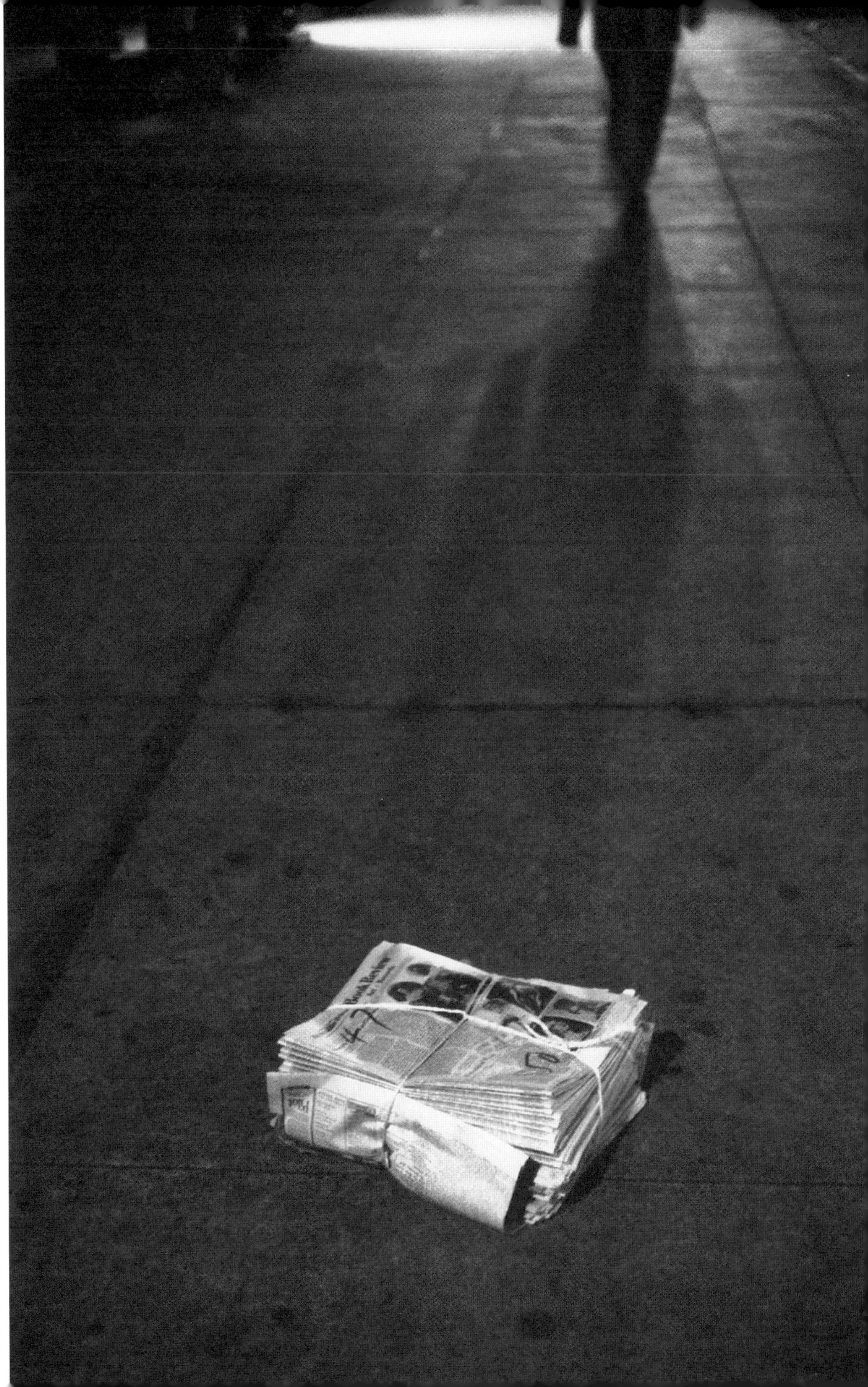

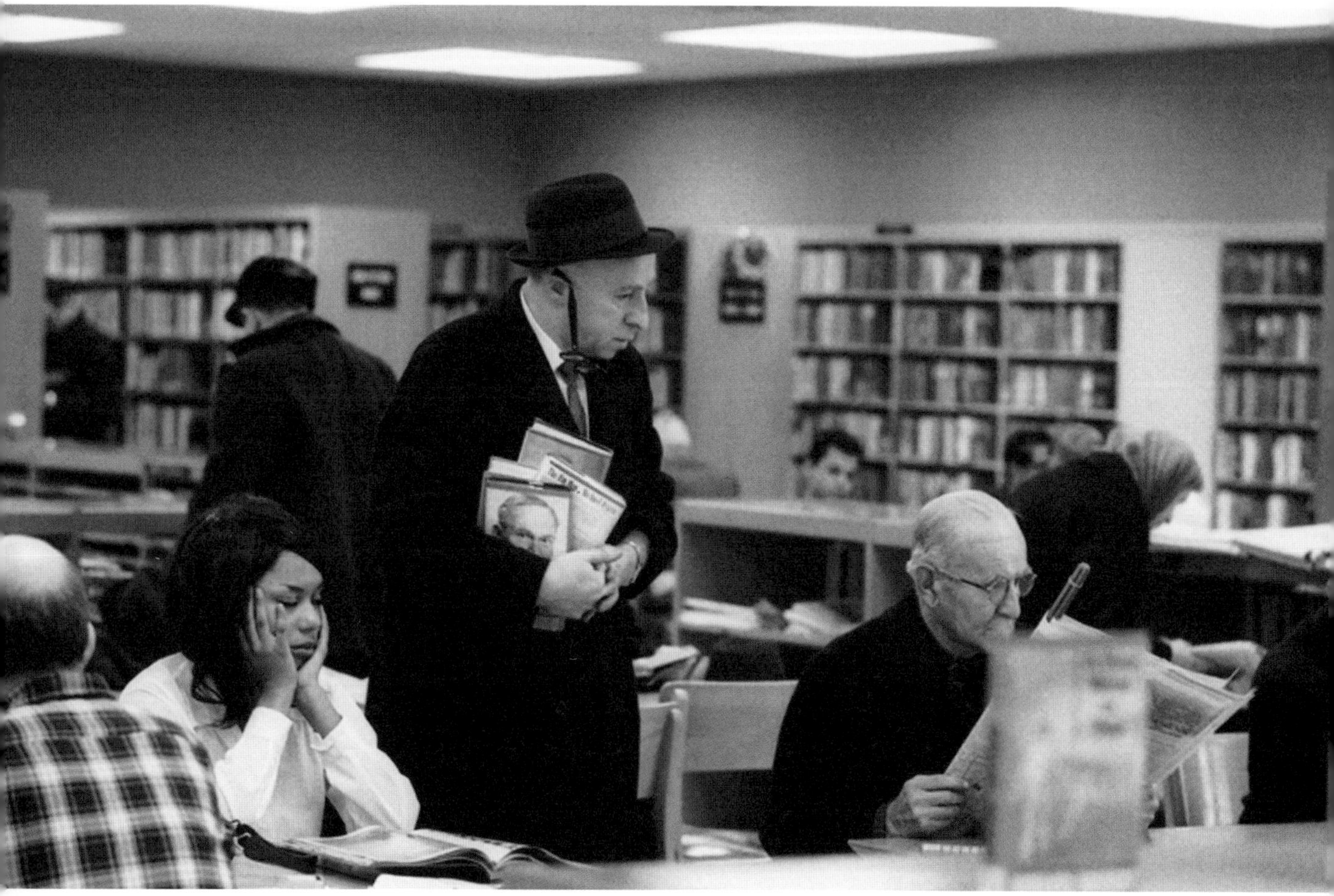

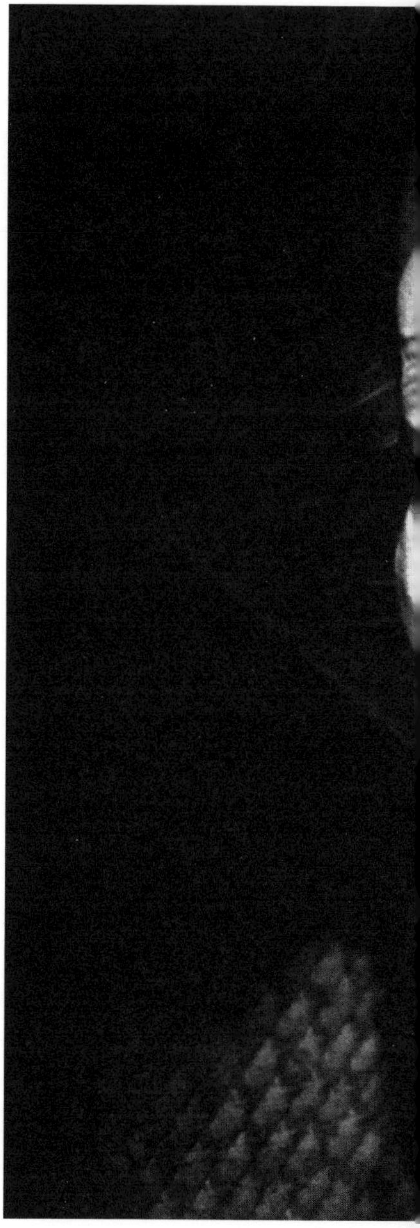

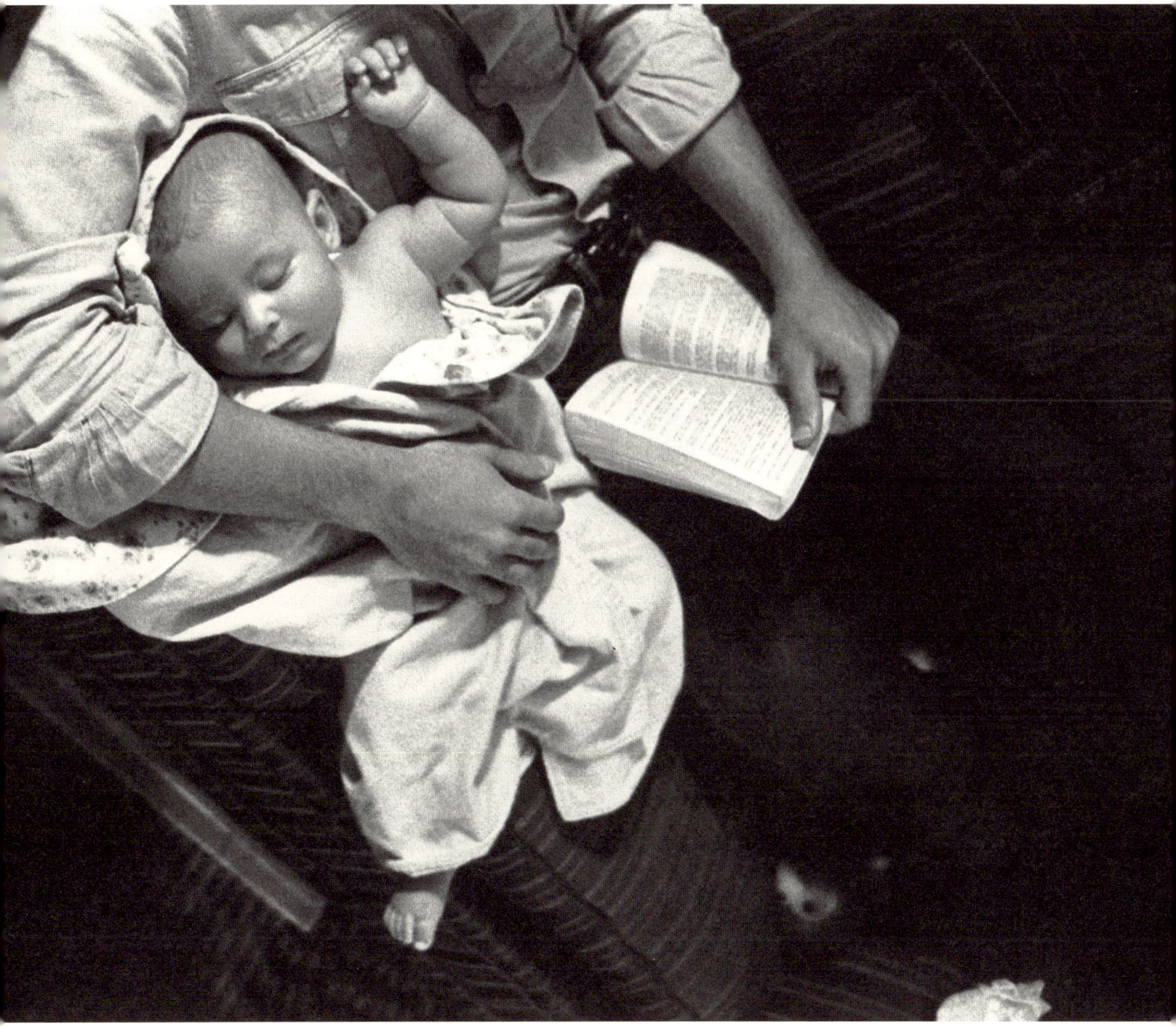

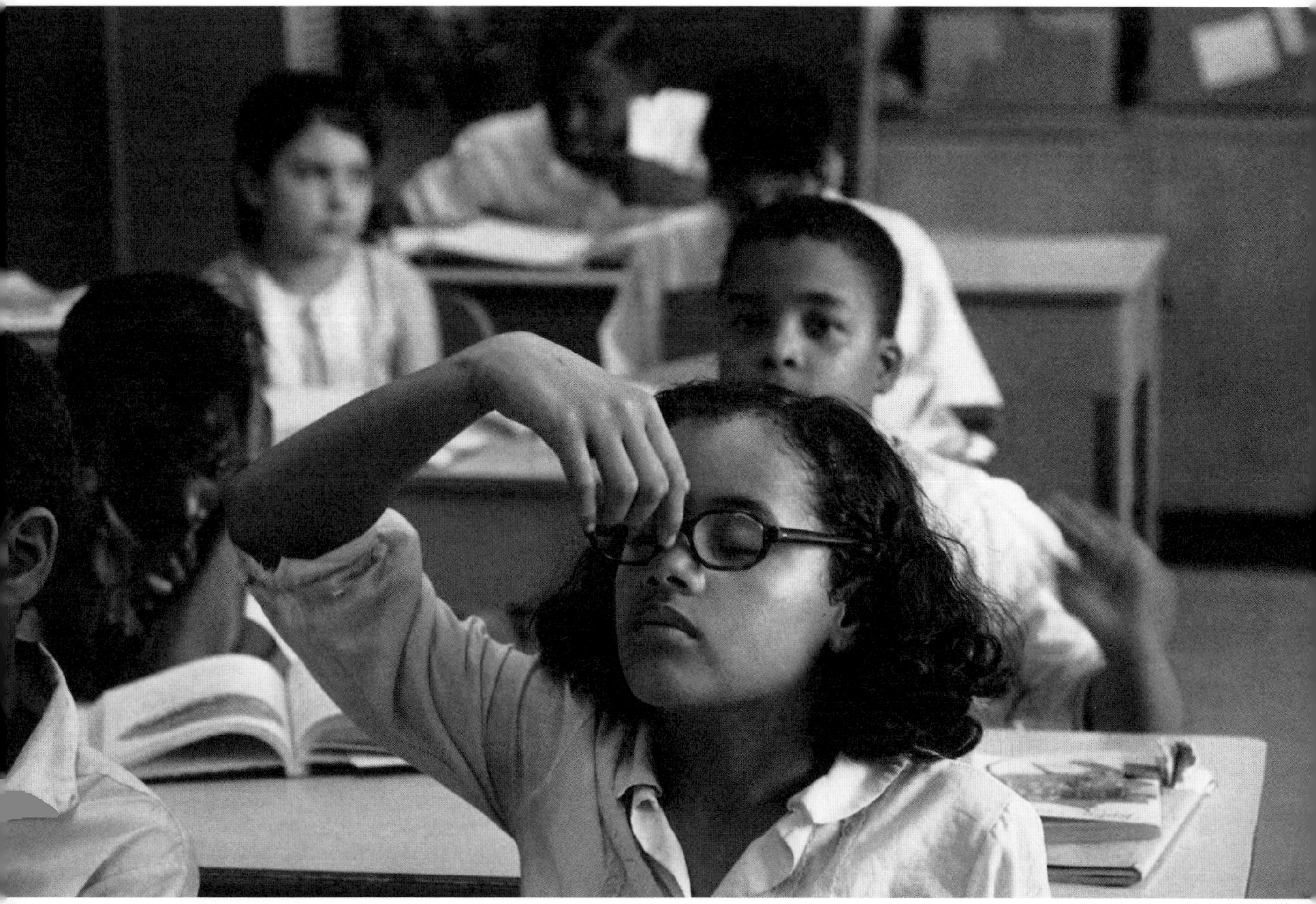

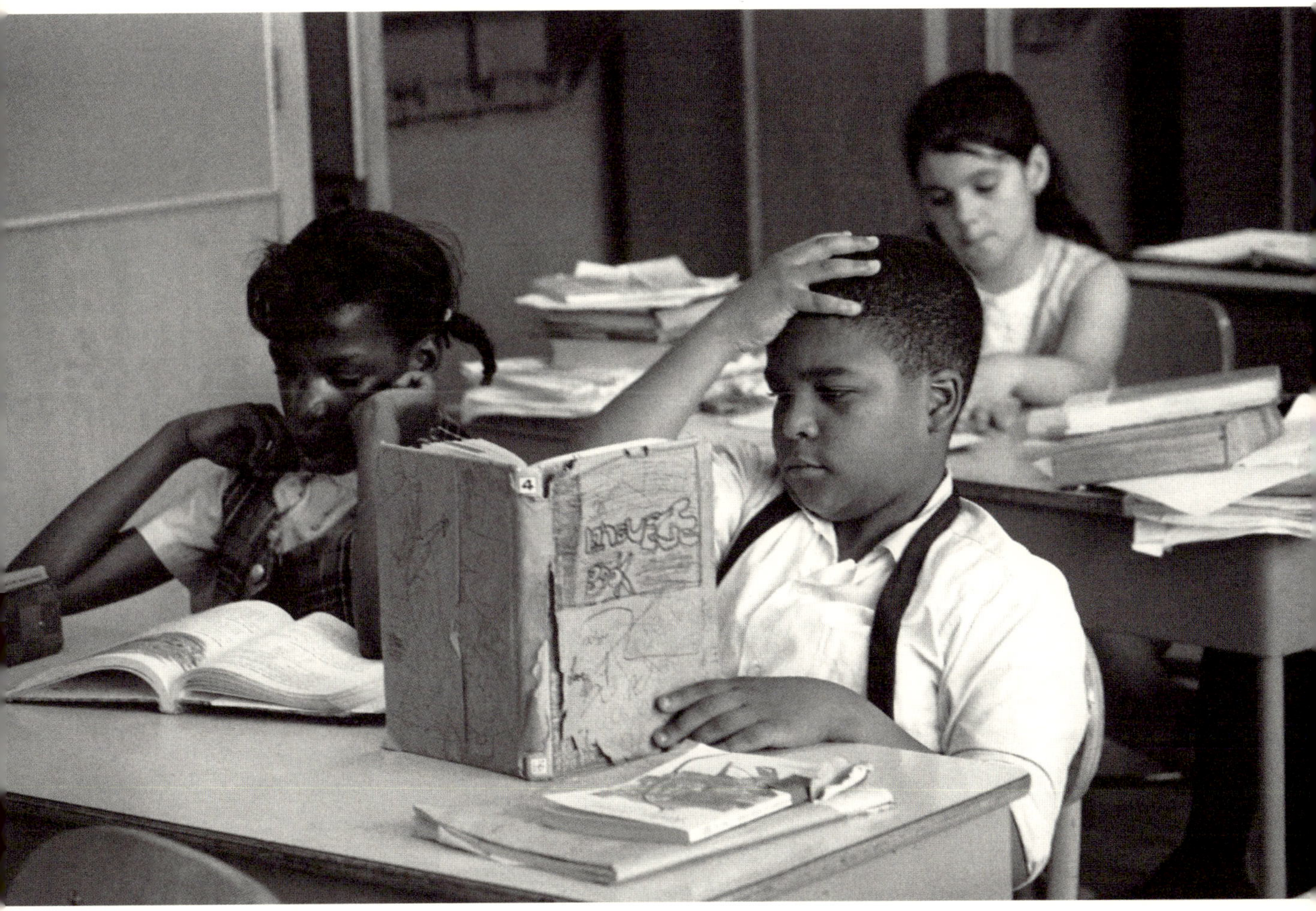

VICTOR
HUGO
LES
MISÉRABLES
II
LES
III

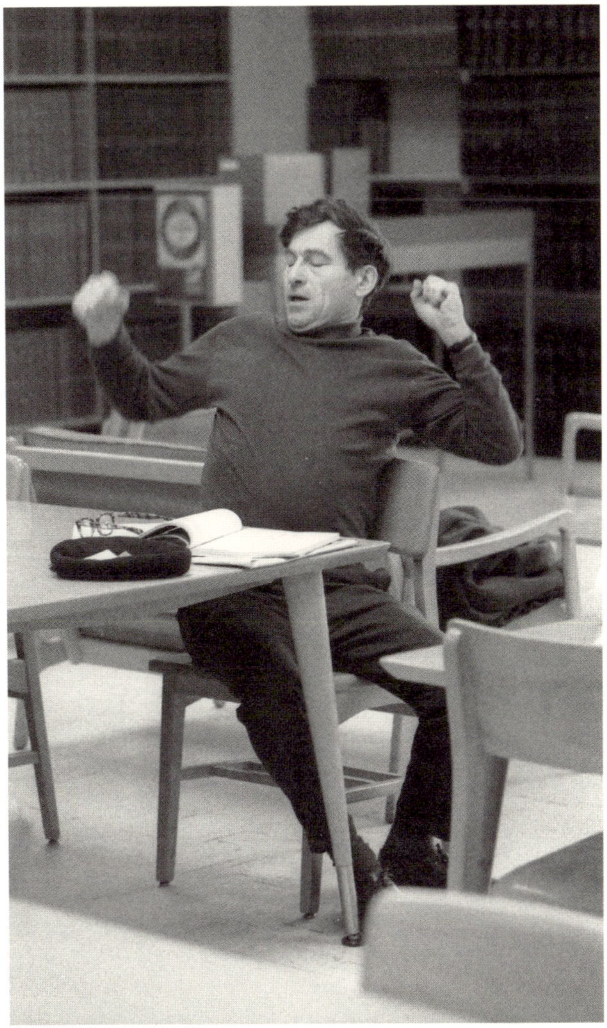

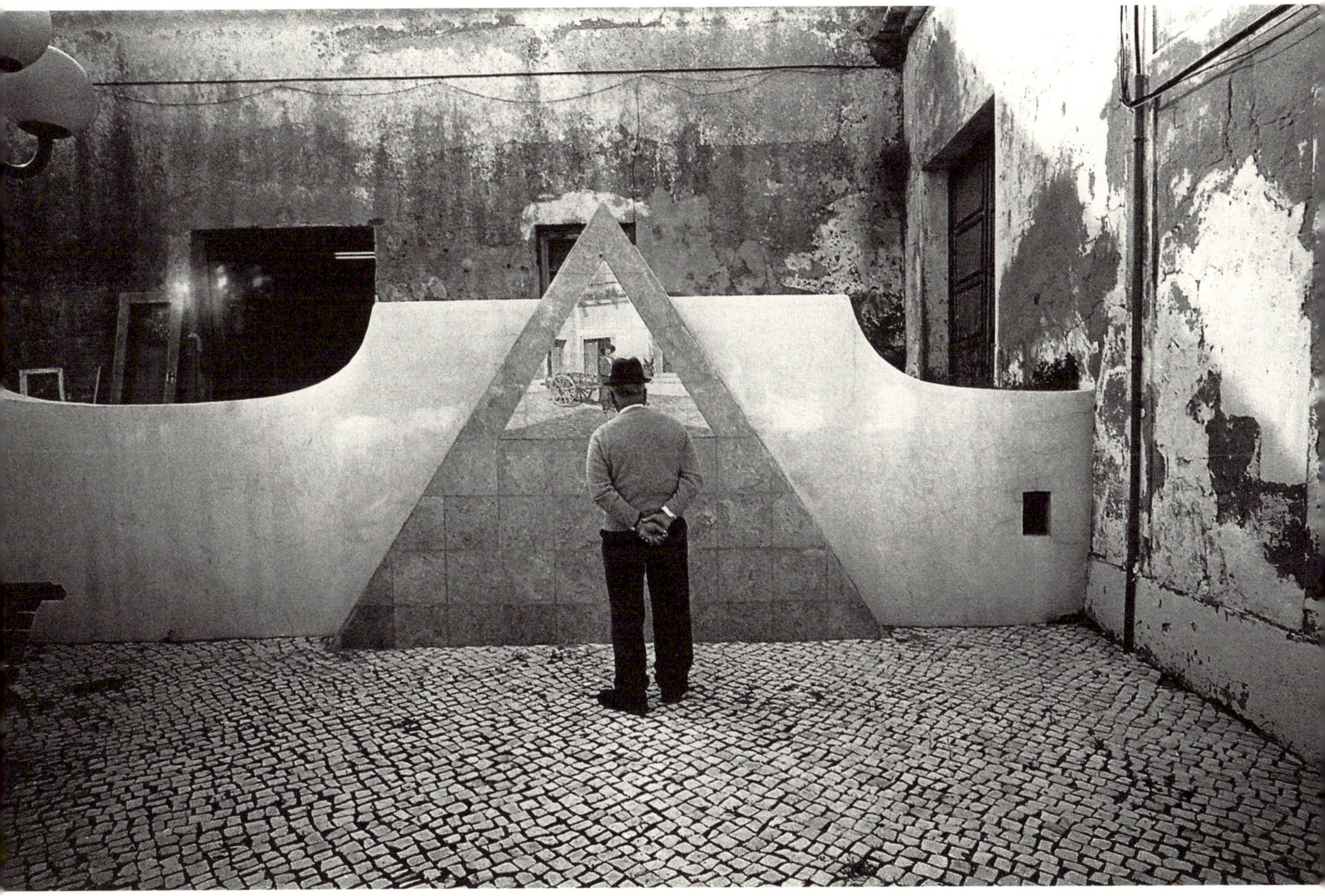

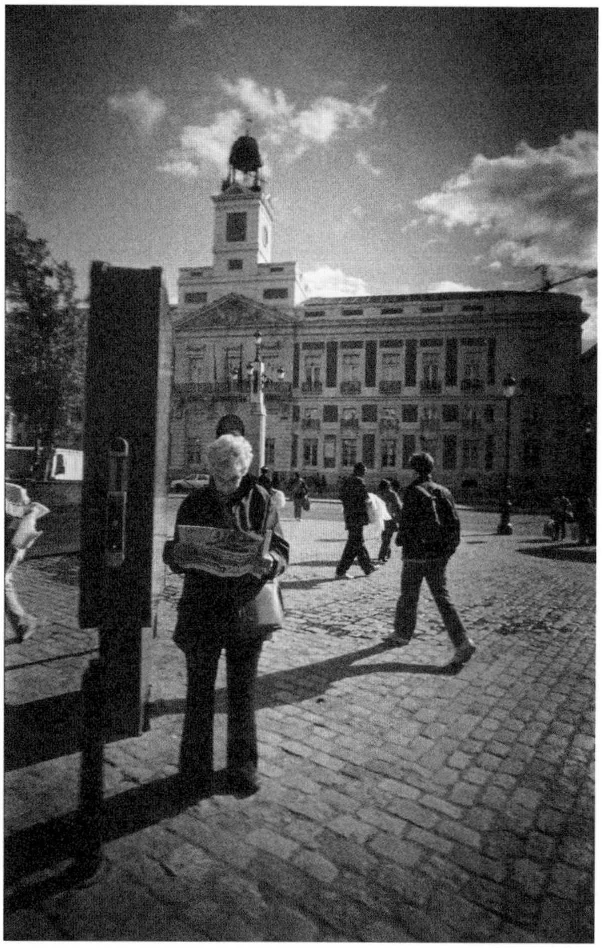

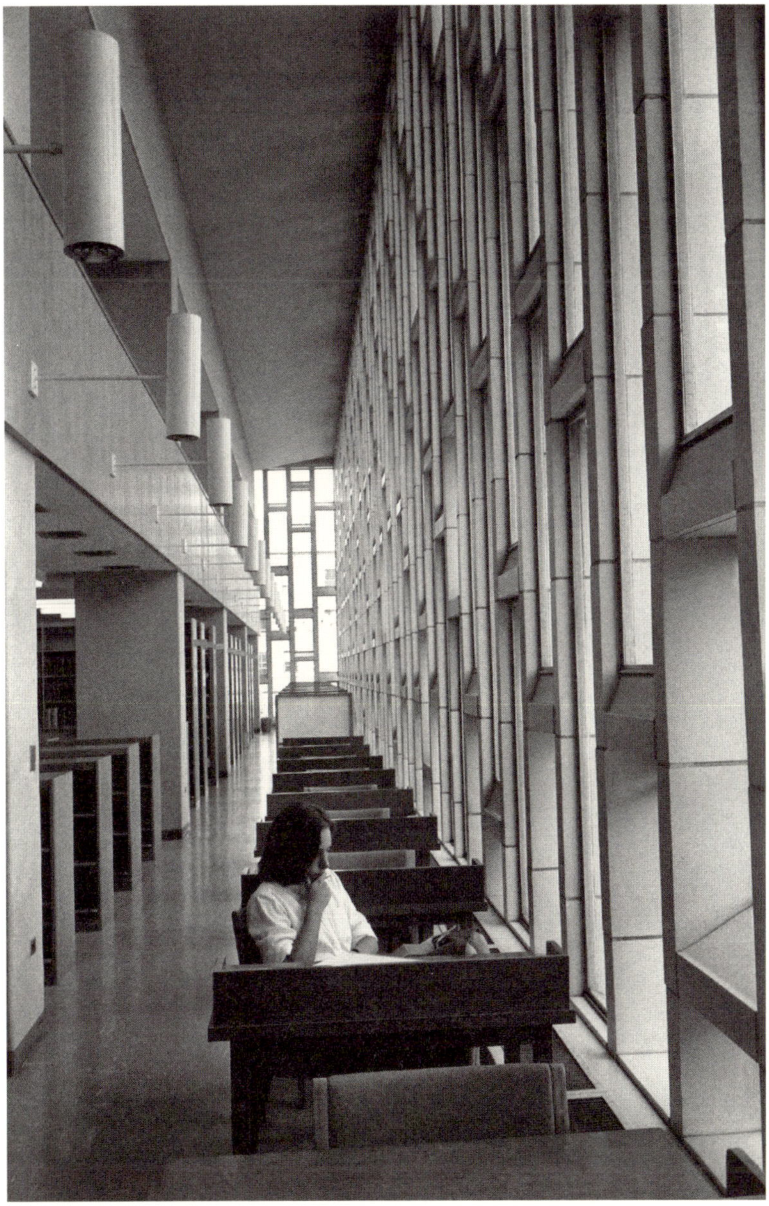

Boy reading
in Hospital
1950's
Boston

PHOTOGRAPH BY
GEORGE ZIMBEL
15 WEST 44th ST.
NEW YORK 36, N.Y.
MU. 7-0877

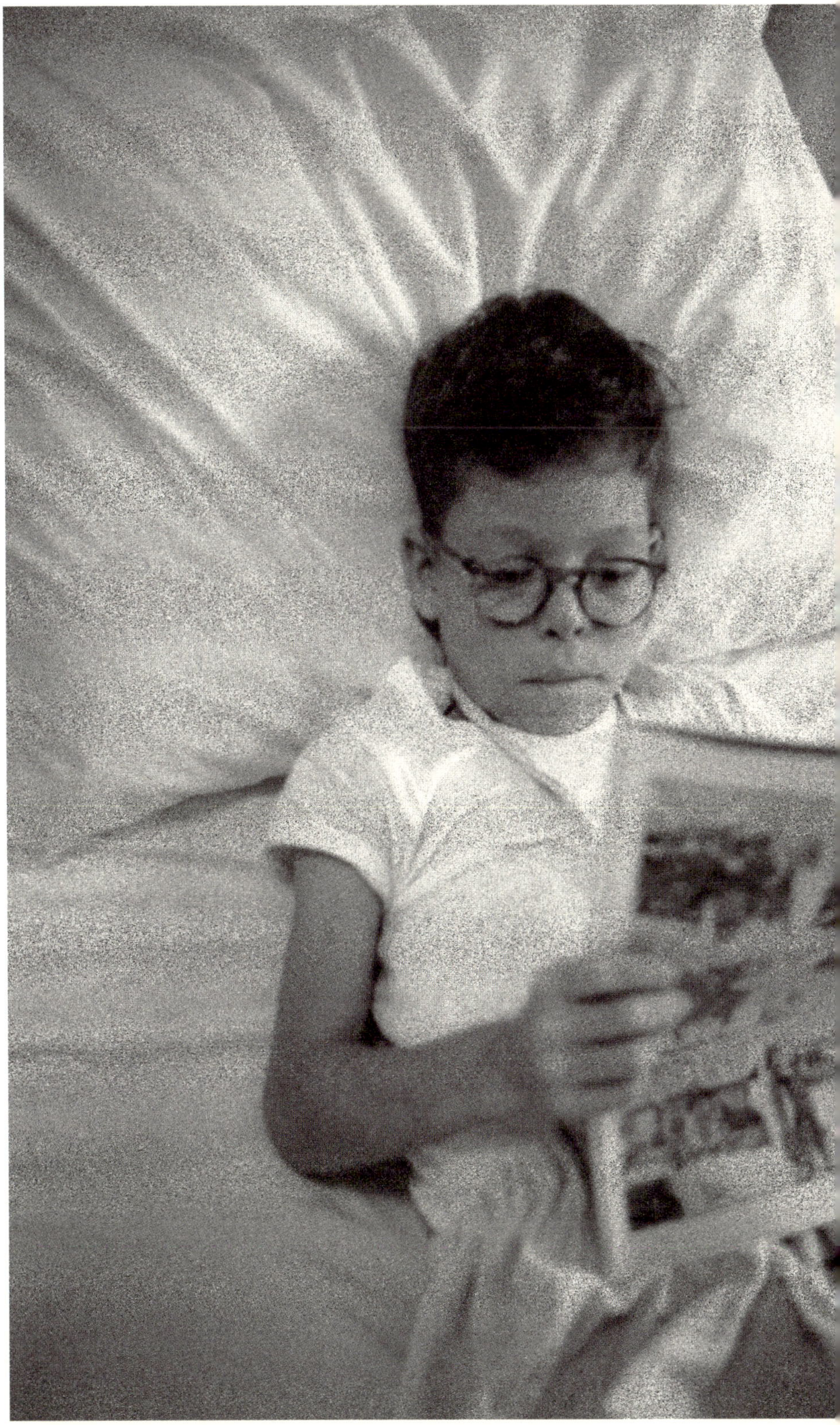

ENCYCLOPEDIAS

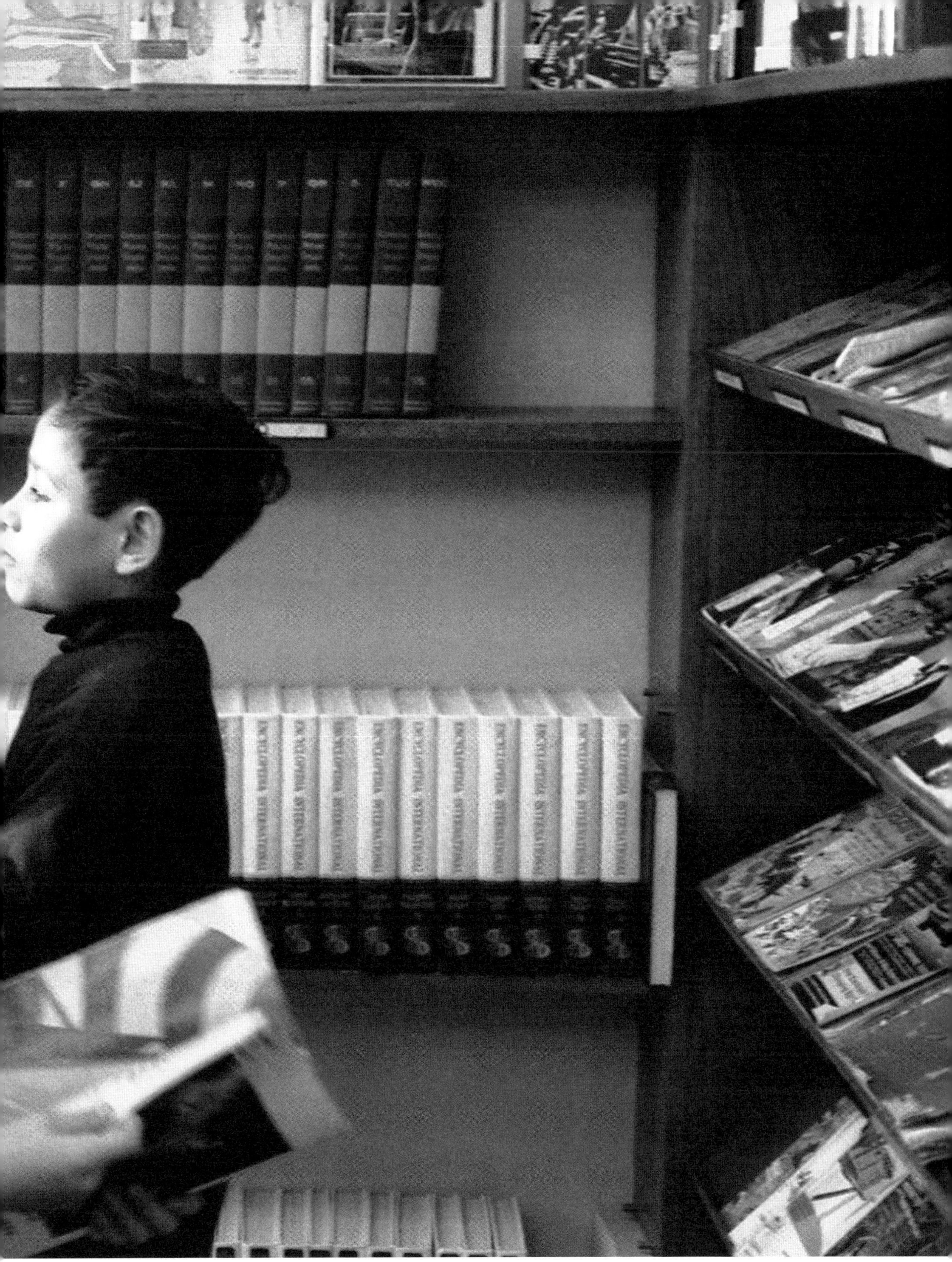
ENCYCLOPEDIA INTERNATIONAL

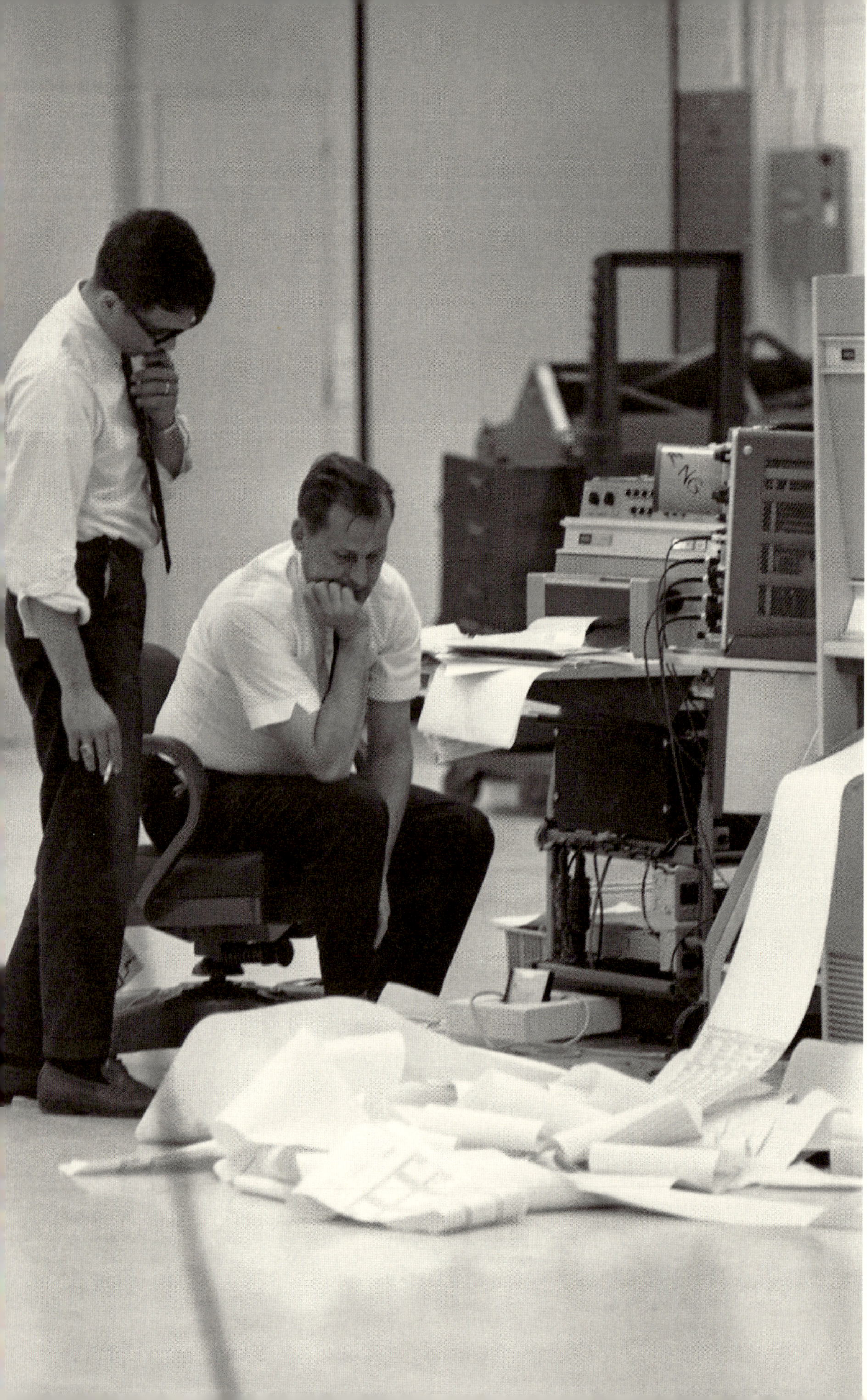

2 1/4 · DRTOL Agfa C/A

f8 - 28 sec Dodge b
   4 Min Dev.

\#

Flatiron Bldg

f8 28 Agfa Classic, NO
11 x 14.

Pigeon f11 No Filter 10 sec 2
11 x 14   4

8x10 MM TOOSH f8 15 sec No
(3) Min Dev.

Submarine Reader 1/8/10
f8 12 sec No Filter Agfa

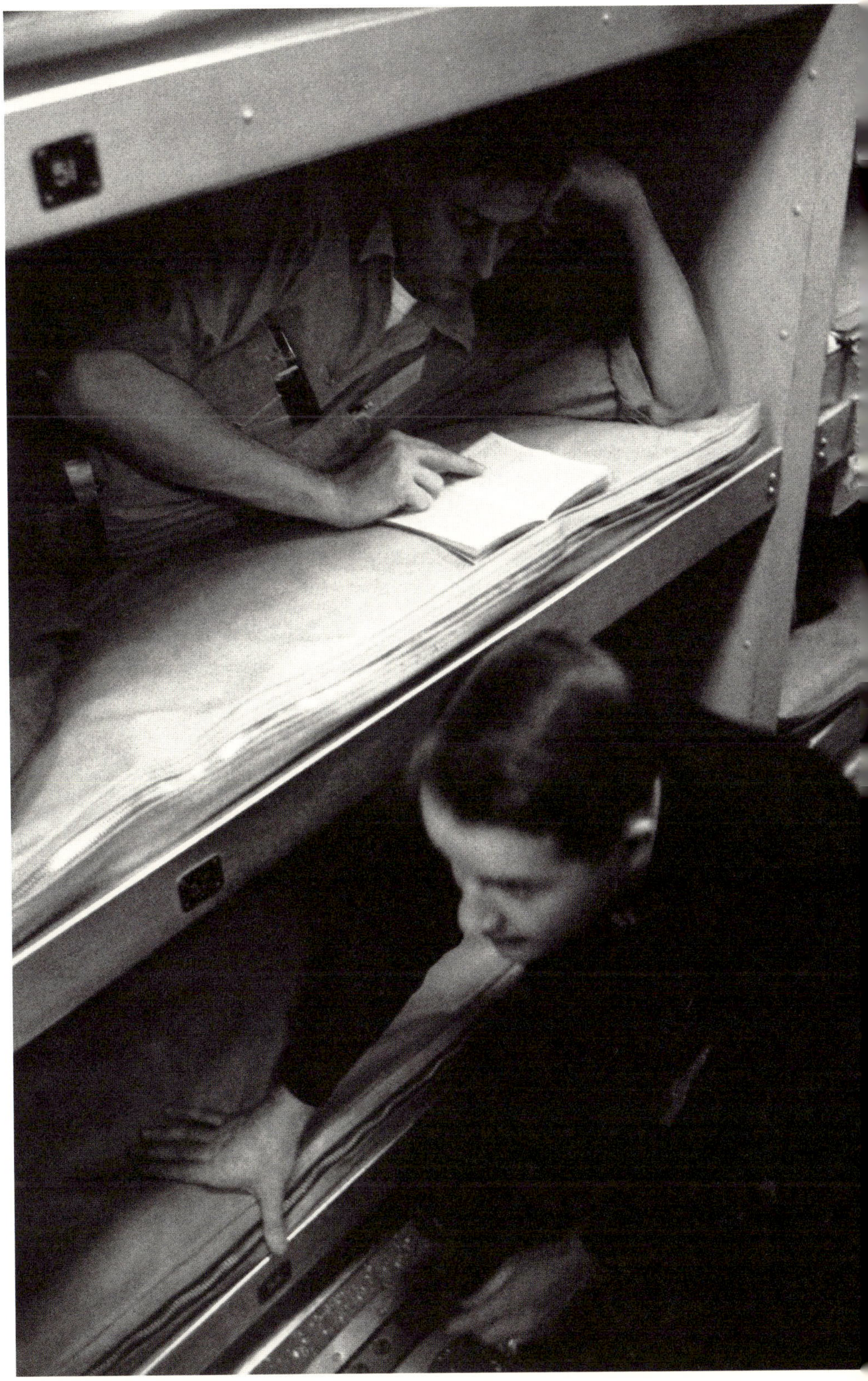

L'HOMME

ELAINE SERNOVITZ ZIMBEL

À demi étendu sur le lit par-dessus les couvertures, l'homme se tient adossé contre le mur, un livre entre les mains. Le petit garçon sous les draps est assis bien droit. « Il était une fois un... (ouaah) », raconte l'homme.

Le petit garçon a les yeux grands ouverts. Il n'a pas du tout sommeil. Il s'inquiète peut-être. Papa s'endormira-t-il avant de terminer l'histoire ?

À partir de « Il était une fois... (ouaah) », jusqu'à « Au quartier général de la police de Callao, au Pérou... Haddock, un capitaine de bateau à la retraite, et Tintin (ouaah)... », le bâillement a toujours accompagné les histoires de papa. Les garçons, tous les trois chacun leur tour, puis la fille, se sont peut-être moins inquiétés lorsqu'ils ont su les mots tant aimés par cœur, car ils chérissaient tout autant la voix de papa, et même ses bâillements.

À demi affaissé sur le canapé ou sur une chaise, l'homme dodeline de la tête, pique du menton, le livre posé sur sa poitrine. La lecture a-t-elle donc un effet soporifique sur lui ? Pas du tout. C'est une porte sur un autre monde, le monde de l'histoire bien sûr, mais qui plus est, un autre monde où il est libre, libéré de sa dévorante passion de tout voir et tout noter, pour partager sa vision du monde des hommes et confirmer qu'elle s'accorde ou pas à celle des autres, que c'est permis d'être différent ; et qu'en fait, c'est même fantastique !

George Zimbel adore lire. Il adore qu'on lui fasse la lecture. Et j'adore lire à voix haute. Alors, je lui fais parfois la lecture... tout en le surveillant bien pour m'assurer qu'il demeure présent dans ce monde que nous partageons, ce monde où les petits garçons et la petite fille voient maintenant rarement leur papa à l'heure du coucher parce qu'ils sont eux-mêmes occupés à mettre leurs enfants au lit, à raconter : « Il était une fois... »

THE MAN

ELAINE SERNOVITZ ZIMBEL

The man half sits on the bed, stretched on top of the covers, his back against the wall, a book in his hands. The little boy under the covers sits up straight. "Once upon a time," the man reads, "(yawn) there was a..."

The little boy's eyes are wide open. He is not the least bit sleepy. Perhaps he is worried. Will papa fall asleep before he finishes the story?

From "Once upon a time... (yawn)" to "At Police Headquarters in Callao, Peru... Haddock, a retired ship's captain and Tintin (yawn)," when Papa was there to read, the yawns were there as well. The boys, all three in turn, and then the girl, perhaps worried less as the treasured words were remembered by heart because the sound of papa's voice, even the yawns, was treasured too.

The man half sits on the couch or in a chair, his head tilts, his jaw drops, the book rests on his chest. Is reading, then, a soporific for him? Not at all. It is a doorway to another world, the world of the story of course, and even more, to another world, one where he is free, free of his demanding passion to see and to record, to share and to confirm that his view of the world of human beings is like theirs and not like theirs, and it's ok to be like and not-like; in fact it's better than ok, it's fantastic!

George Zimbel loves to read. He loves to be read to. And I love to read out loud. So sometimes I read to him... and keep a careful watch to make sure he stays with me here in the world we share, the world where the little boys and the little girl now rarely see their papa at bedtime because they are busy putting their own children to bed, reading "Once upon a time..."

BIOGRAPHIES

BIOGRAPHIES

My friend Jack Turner a farmer and photographer lived to age 100!!

He once told me: "There's pictures everywhere if you can just see them."

I'm still trying.

George S Zimbel
Montreal 2011

GEORGE S. ZIMBEL

George S. Zimbel est né en 1929 à Woburn, Massachusetts, aux États-Unis. Son penchant pour la photographie se manifeste très tôt : à l'âge de 14 ans, il travaille à la pige pour *The Woburn Daily Times*, armé de son premier Speed Graphic.

En 1947, Zimbel s'installe à New York où il étudie les *liberal arts* au Columbia College affilié à l'université du même nom. Parallèlement, il s'initie aux rudiments de la photographie documentaire et à l'art des tirages en noir et blanc : il suit des cours à la Photo League, dont celui donné par John Ebstel, maître de la photographie documentaire, et en 1951, il est admis au Alexey Brodovitch Seminar. Afin de payer ses études, il devient pigiste à PIX Inc., une des premières agences de photographie des États-Unis. Il publie alors ses premières photographies, dont certaines sont maintenant exposées.

De 1951 à 1953, pendant la guerre de Corée, George S. Zimbel fait son service militaire comme photographe officiel du *555th Combat Engineer Group*, et recueille des clichés en Angleterre, en France, en Allemagne et en Italie. De retour aux États-Unis, Zimbel expose à la United States Information Agency (USIA) et s'intéresse en particulier aux bibliothèques et aux lecteurs. Ses services sont retenus par le *Wilson Library Bulletin*, le College Entrance Examination Board et les Educational Facilities Laboratories de la fondation Ford. Concurremment à ce travail, il se fait connaître en signant les portraits de personnalités politiques et artistiques, parmi lesquelles Truman, Eisenhower, Jacqueline et John F. Kennedy, Nixon et Marilyn Monroe. Durant cette période prolifique, ses photographies paraissent dans divers magazines, et il expose régulièrement dans des galeries américaines et canadiennes.

Le 3 février 1955, George S. Zimbel épouse Elaine Sernovitz. Ils auront quatre enfants : Matt, Andrew, Ike et Jodi. À l'été 1971, la famille Zimbel décide d'émigrer au Canada et s'établit dans une ferme à Argyle Shore sur l'Île-du-Prince-Édouard. Le photographe n'interrompt pas pour autant sa pratique artistique : ces années lui permettent d'explorer des scènes de la vie quotidienne, des portraits intimes, autant de thèmes récurrents dans ses œuvres futures. En 1976, la Confederation Center Art Gallery de Charlottetown présente la première rétrospective des œuvres de George S. Zimbel. Sa carrière est alors à un tournant : Zimbel va se consacrer entièrement à l'art.

En 1980, George S. Zimbel et sa famille déménagent à Montréal. Ses photographies font à ce moment l'objet de nombreuses publicités et documents publiés par les éditions McGill-Queens. Trois de ces images sont notamment retenues par la Ville de Montréal pour une campagne publicitaire. Les œuvres de George S. Zimbel obtiennent une reconnaissance internationale et nombre d'entre elles sont achetées par différents musées et galeries à travers le monde : Musée d'art moderne de New York, Brooklyn Museum, Jewish Museum de New York, Musée des beaux-arts de Houston, Musée d'art de Norton, Musée des beaux-arts du Canada, Musée d'art contemporain de Montréal, Musée national des beaux-arts du Québec, Institut d'art moderne de Valence, Musée national d'histoire et d'art du Luxembourg, Musée de la photographie de Tokyo, etc.

À partir de 1996, les œuvres de Zimbel se vendent dans des maisons d'encan prestigieuses telles que Christie's à New York et Londres, Bonhams & Butterfields à San Francisco, Dorotheum à Vienne, ou encore Druot à Paris. Une grande rétrospective de l'œuvre de Zimbel est présentée à Valence, puis à Madrid, en l'an 2000. Cette exposition donne lieu à la publication d'un premier catalogue, *George S. Zimbel* (IVAM Centre Julio González, 2000). En 2006, il fait paraître *Bourbon Street, New Orleans 1955* aux éditions du passage.

En 2000, l'Association canadienne des créateurs professionnels de l'image lui décerne un prix d'excellence pour l'ensemble de sa carrière et, en 2005, il est élu membre de l'Académie royale des arts du Canada. Au fil des ans, le photographe canado-américain a participé à plus d'une centaine d'expositions, individuelles ou collectives, en Europe, en Amérique du Nord et en Asie. À l'automne 2011, il participe à une exposition intitulée *The radical camera: New York's Photo League, 1936-1951* au Jewish Museum de New York.

GEORGE S. ZIMBEL

George S. Zimbel was born in 1929 in Woburn, Massachusetts, in the United States. His penchant for photography showed itself early. At age fourteen he was freelancing for *The Woburn Daily Times*, armed with his first Speed Graphic.

In 1947, he settled in New York, where he studied liberal arts at Columbia College, affiliated with the university of the same name. At the same time, Zimbel began learning the rudiments of documentary photography and the art of making black-and-white prints. He took courses at the Photo League, including the one given by John Ebstel, the master of documentary photography. Zimbel was also admitted to the Alexey Brodovitch Seminar. To pay his studies, he freelanced for PIX Inc., one of the premier photo agencies in the United States. He published his first pictures, some of which have gone on to become classics.

From 1951 to 1953, during the Korean War, Zimbel served in the military as the official photographer of the 555th Combat Engineer Group, taking pictures in England, France, Germany and Italy. On his return to the United States, Zimbel showed his work at the United States Information Agency (USIA) and grew increasingly interested in libraries and readers. He worked for the Wilson Library Bulletin, the College Entrance Examination Board and the Educational Facilities Laboratories of the Ford Foundation. At the same time, Zimbel became known for his portraits of political and entertainment personalities, including Truman, Eisenhower, Jacqueline and John F. Kennedy, Nixon and Marilyn Monroe. During this prolific time, his photographs appeared in many magazines, and he had frequent shows in American and Canadian galleries.

On February 3, 1955, George S. Zimbel married Elaine Sernovitz; they would have four children together: Matt, Andrew, Ike and Jodi. In the summer of 1971, the Zimbel family decided to immigrate to Canada. They settled on a family farm in Argyle Shore on Prince Edward Island. From there, George Zimbel continued his artistic work: those years gave him the opportunity to explore scenes from daily life and intimate portraits, which became recurrent themes in his future photos. In 1976, Charlottetown's Confederation Center Art Gallery staged Zimbel's first retrospective exhibit. His career took a new turn as he dedicated himself entirely to his art.

In 1980, George Zimbel and his family moved to Montreal. His photographs were featured in material published by the McGill-Queens University Press. Three such images were used by the city of Montreal in promotion campaigns. Zimbel's work won international recognition, and many of his photos were acquired by various museums and galleries around the world: New York's Museum of Modern Art, Brooklyn Museum, Jewish Museum of New York, Houston's Museum of Fine Arts, the National Gallery of Canada, Montreal's Contemporary Art Museum, Quebec's Museum of Fine Arts, the Institute of Modern Art in Valencia, the National Museum of History and Art in Luxembourg, Tokyo's Museum of Photography, among others.

From 1996 on, his works were sold in prestigious auction houses such as Christie's in New York and London, Bonhams & Butterfields in San Francisco, Dorotheum in Vienna and Druot in Paris. A large retrospective of Zimbel's work was organized in Valencia and Madrid in 2000. This show gave rise to the publication of his first catalogue, *George S. Zimbel* (IVAM Centro Julio González, 2000). In 2006, he published *Bourbon Street, New Orleans, 1955* with Éditions du Passage.

In 2000, the Canadian Association of Professional Image Creators awarded him a prize for his life's work and, in 2005, he was elected to the Royal Canadian Academy of Arts. Over the years, Zimbel has participated in more than a hundred individual and collective exhibitions in Europe, North America and Asia. In the fall of 2011, he is represented in a show entitled "The Radical Camera: New York's Photo League, 1936-1951" at the Jewish Museum of New York.

VICKI GOLDBERG

Critique très respectée dans le domaine de la photographie, Vicki Goldberg a collaboré durant treize ans au *New York Times*. Elle a enseigné à l'Institute of Fine Arts de New York, au Centro de la Imagen à Mexico et à la Rhode Island School of Design; elle continue à rédiger des articles sur la photographie pour divers magazines. Elle a publié plusieurs ouvrages, dont *The Power of Photography: How Photographs Changed Our Lives* (1991) et *Margaret Bourke-White: A Biography* (1986), qui ont tous deux figuré parmi les meilleurs livres de l'année choisis par l'American Library Association. En 2006, une anthologie qu'elle a éditée, *Photography in Print: Writings from 1816 to the Present* (1988), a été classée par le *Wall Street Journal* parmi les cinq meilleurs livres de tous les temps sur la photographie. Vicki Goldberg a reçu de nombreux prix pour ses écrits, notamment l'Infinity Award de l'International Center of Photography de New York, le Dudley Johnston Award de la Royal Society (Grande-Bretagne) et la coupe Long Chen (Chine).

Vicki Goldberg, one of the leading voices in the field of photography criticism, wrote about photography for *The New York Times* for thirteen years. She taught courses at the Institute of Fine Arts in New York, the Centro de la Imagen in Mexico City, and the Rhode Island School of Design and still writes on photography for various magazines. She published several books, among them, *The Power of Photography: How Photographs Changed Our Lives* (1991) and *Margaret Bourke-White: A Biography* (1986), which were each named one of the Best Books of the Year by the American Library Association. The anthology she edited, *Photography in Print: Writings from 1816 to the Present* (1988), was cited in *The Wall Street Journal* in 2006 as one of the five best books ever written on photography. She has received numerous awards for writing, including the International Center of Photography's Infinity Award, the Royal Society's Dudley Johnston Award, and the Long Chen Cup (China).

DANY LAFERRIÈRE

Dany Laferrière est né à Port-au-Prince en avril 1953. À la suite de l'assassinat de son confrère et ami, le journaliste Gasner Raymond, il quitte Haïti et s'installe au Québec. En 1985, il publie son premier roman *Comment faire l'amour avec un nègre sans se fatiguer* (VLB), qui connaît un succès immédiat. Suivront, entre autres, *L'Odeur du café* (VLB, 1991), *Le Cri des oiseaux fous* (Lanctôt, 2000) et *Tout bouge autour de moi* (Mémoire d'encrier, 2011). Les livres de Dany Laferrière sont maintenant traduits dans une douzaine de langues. Un de ses derniers titres, *L'Énigme du retour* (Boréal), a remporté le prix Médicis en 2009 et le Grand Prix littéraire international Metropolis Bleu en 2010. Parallèlement à sa carrière d'écrivain, Dany Laferrière est aussi journaliste, chroniqueur, scénariste et, avant tout, lecteur passionné et insatiable.

Dany Laferrière was born in Port-au-Prince in April 1953. After his journalist colleague and friend Gasner Raymond was murdered, he left Haiti and settled in Quebec. In 1987, he published his first novel in English, *How to Make Love to a Negro without Getting Tired* (Douglas & McIntyre) that was an immediate success. Other books followed, including *An Aroma of Coffee* (1993, D & M), *Down among the Dead Men* (1997, D & M) and *I Am a Japanese Writer* (2010, D & M). Laferrière's books are published in a dozen languages. His latest title, *The Return* (2011, D & M), won the 2009 Prix Médicis in France and the Blue Metropolis International Literary Grand Prix in 2010. As well as being a writer, Laferrière pursues a career as journalist, columnist, screenwriter and, above all, is an insatiable, passionate reader.

ELAINE SERNOVITZ ZIMBEL

Elaine Sernovitz Zimbel écrit des romans, ainsi que des ouvrages de littérature non romanesque et de journalisme d'investigation. Elle est l'auteure du mémoire littéraire *Bullet to the Heart, One to the Brain - a Psychodrama Played on the Page*. « Histoire passionnante de luttes familiales racontée de façon émouvante et avec humour », le livre a été publié en 2005 avec les chaleureux encouragements de son mari, George Zimbel. Grâce à la lecture —dans une démarche intellectuelle et pragmatique, entre autres—, leur union de plus de cinquante-six ans a préservé de solides assises, mise à l'épreuve mais renforcée par les occasionnels « tremblements de terre » dus à l'engagement inébranlable de George à l'égard de la photographie.

Elaine Sernovitz Zimbel is a writer of fiction, creative non-fiction and investigative journalism. She is the author of the literary memoir *Bullet to the Heart, One to the Brain - a Psychodrama Played on the Page*. "A compelling story of family fights told with heartbreak and humor," the book was published in 2005 with the hearty encouragement of her husband, George Zimbel. Their marriage of more than fifty-six years has stood on the firm ground of reading, among other intellectual and pragmatic pursuits, shaken yet sustained by the occasional "tremblement de terre" emanating from George's profoundly unshakeable dedication to photography.

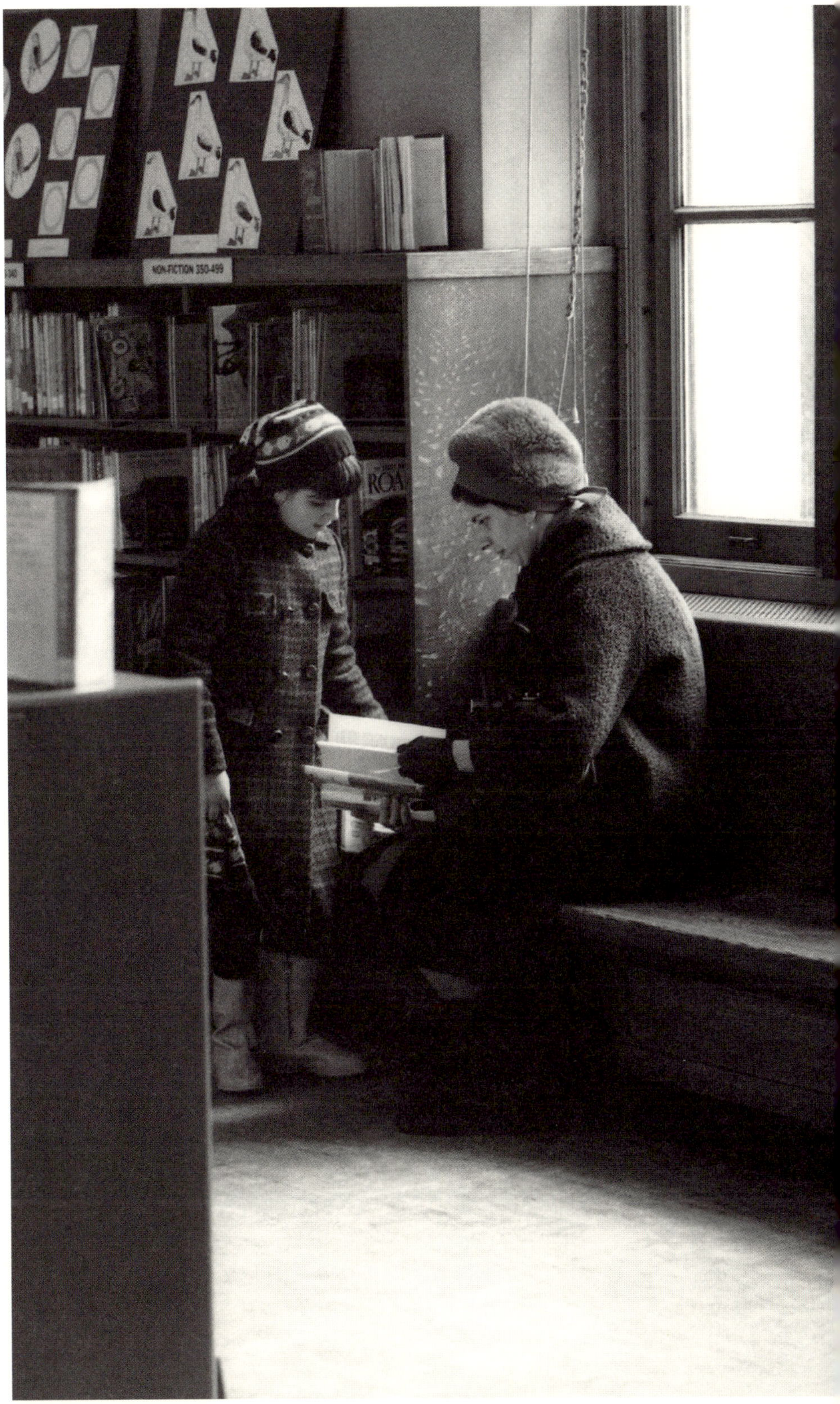
NON-FICTION 350-499

TABLE DES PHOTOGRAPHIES

LIST OF PHOTOGRAPHS

7. *Couple dans la bibliothèque de l'Université du Michigan*
Couple in the library, University of Michigan
1959
États-Unis / USA

15. *Tuteur au cigare*
Tutor with cigar
1959
New York
États-Unis / USA

21. *Le rêveur*
The Dreamer
années 1960 / 1960's
Bronx, New York
États-Unis / USA

26. *Regard sur les lecteurs*
Regarding the readers
2010
IVAM, Valence / Valencia
Espagne / Spain

35. *Vendeuse de fleurs*
Flower vendor
1952
Paris
France

36. *Le lecteur de journal*
The Newsreader
années 1960 / 1960's
Bibliothèque publique de Brooklyn / Brooklyn Public Library, New York
États-Unis / USA

37. *Quatre lecteurs*
Four readers
années 1960 / 1960's
Bibliothèque publique de Brooklyn / Brooklyn Public Library, New York
États-Unis / USA

39. *Lecteur dans le métro de Paris*
Reader in the Paris metro
1952
Paris
France

40-41. *Deux femmes lisant*
Two women reading
1986, métro de Montréal / Montreal metro
Canada

43. *Homme noir lisant*
Black man reading
1952
Paris
France

45. *Jeune femme aux lunettes*
Young woman with glasses
années 1960 / 1960's
Brooklyn, New York
États-Unis / USA

46. *Femme et fiches*
Woman perusing file cards
1962, Californie / California
États-Unis / USA

47. *Fiches*
File cards
1962
Californie / California
États-Unis / USA

49. *Boy or man*
années 1960 / 1960's
Queens, New York
États-Unis / USA

50. *Homme penché*
Man bending
années 1960 / 1960's
Brooklyn, New York
États-Unis / USA

51. *Homme accroupi*
Man squatting
années 1960 / 1960's
Brooklyn, New York
États-Unis / USA

53. *Homme lisant à la terrasse d'un café*
Man reading outside café
1952
Paris
France

54. *Lisant avec une glace*
Reading with ice cream
années 1960 / 1960's
New York
États-Unis / USA

55. *Sous la table*
Under the table
années 1960 / 1960's
Yale
États-Unis / USA

57. *Lisant* Le Monde
Reading Le Monde
1952
Paris
France

58. *Le coin des lecteurs*
The readers' corner
années 1960 / 1960's
Queens, New York
États-Unis / USA

59. *Quatre lecteurs*
Four readers
années 1960 / 1960's
Queens, New York
États-Unis / USA

60-61. *À travers la fenêtre*
Through the window
1986
métro de Montréal, station McGill / Montreal metro, McGill station
Canada

62. *Lisant le New York Times*
Reading The New York Times
1958
New York
États-Unis / USA

63. *Nate fait la lecture à Hannah et Georgia*
Nate reads to Hannah and Georgia
1998
Milwaukee
États-Unis / USA

65. *Femme blonde parmi
    les livres*
    Blonde among the books
    années 1960 / 1960's
    New York
    États-Unis / USA

66. *Regardant par la fenêtre*
    Looking out the window
    années 1960 / 1960's
    Yale
    États-Unis / USA

68. *Tampons*
    Rubber stamps
    années 1960 / 1960's
    Bibliothèque de Yale / Yale Library
    États-Unis / USA

69. *Section de la fiction*
    Fiction department
    1968
    Bibliothèque publique de
    Philadelphie / Philadelphia Public
    Library
    États-Unis / USA

70-71. *Plongé dans les livres*
    Immersed in books
    années 1960 / 1960's
    Yale
    États-Unis / USA

73. *Séminaire au collège Sarah
    Lawrence*
    Seminar at Sarah Lawrence
    College
    1962
    Bronxville, New York
    États-Unis / USA

74. *Gondolier lisant*
    Gondolier reading
    1953
    Venise / Venice
    Italie / Italy

77. *Photographe lisant*
    Photographer reading
    1953
    Venise / Venice
    Italie / Italy

78. *Elaine fait la lecture à Andrew
    et Matt*
    Elaine reads to Andrew and Matt
    1959
    Michigan
    États-Unis / USA

79. *Swiss Family Robinson*
    1961
    Comté de Putnam / Putnam County
    New York
    États-Unis / USA

81. *Lisant au déjeuner*
    Reading at lunch
    1958
    Massachusetts Institute of
    Technology, Cambridge
    États-Unis / USA

83. *Vétéran fatigué et sa famille*
    Tired veteran and family
    1958
    Massachusetts Institute of
    Technology, Cambridge
    États-Unis / USA

84-85. *Deux bibliothécaires*
    Two librarians
    1964
    Stephens College, Missouri
    États-Unis / USA

93. *Troisième Avenue*
    Third Avenue
    1951
    New York
    États-Unis / USA

94. *Fille parmi les livres*
    Girl among the books
    années 1960 / 1960's
    New York
    États-Unis / USA

95. *Au pied du mur*
    Up against the wall
    1968
    Université Columbia / Columbia
    University, New York
    États-Unis / USA

96. *Lecteur sur le trottoir*
    Sidewalk reader
    1971
    New York
    États-Unis / USA

97. *In the City*
    1959
    New York
    États-Unis / USA

99. *Lire de la musique*
    Reading music
    1956
    Woburn, Massachusetts
    États-Unis / USA

100. *Professeure enseignant*
    Teacher teaching
    années 1960 / 1960's
    Bronx, New York
    États-Unis / USA

101. *Vue aérienne*
    Aerial view
    années 1960 /1960's
    Queens, New York
    États-Unis / USA

102. *Femme à la fourrure*
    Woman with furs
    1986
    métro de Montréal, station McGill /
    Montreal metro, McGill station
    Canada

103. *Homme et chien*
    Man and dog
    1986
    métro de Montréal, station McGill /
    Montreal metro, McGill station
    Canada

105. *Miroir dans la bibliothèque*
    Mirror in the library
    années1960 / 1960's
    Queens, New York
    États-Unis / USA

106. *L'index*
The Pointer
années 1960 / 1960's
Dobbs Ferry, New York
États-Unis / USA

107. *Elaine et Matt dans la cuisine*
Elaine and Matt in the kitchen
années 1960 / 1960's
Dobbs Ferry, New York
États-Unis / USA

108. *Homme lisant la nuit*
Man reading at night
1952
Paris
France

110-111. *La queue*
The Queue
1952
Londres / London
Grande-Bretagne / Great Britain

112. *Chauffeur de taxi lisant la nuit*
Taxi driver reading at night
1952
Paris
France

113. *Dimanche matin, le Herald Tribune*
Sunday morning, Herald Tribune
1951
New York
États-Unis / USA

114. *L'écornifleur*
The Kibbitzer
années 1960 / 1960's
Bibliothèque publique
de Brooklyn /
Brooklyn Public
Library, New York
États-Unis / USA

117. *Matt et Oliver*
Matt and Oliver
1981
Lac Mercier / Mercier Lake
Canada

118. *La réaction d'une lectrice*
A Reader's reaction
années 1960 / 1960's
Bronx, New York
États-Unis / USA

119. *Une autre réaction de lecteur*
Another Reader's reaction
années 1960 / 1960's
Bronx, New York
États-Unis / USA

120. *Les Misérables*
années 1960 / 1960's
New York
États-Unis / USA

121. *Le bâillement*
The Yawn
années 1960 / 1960's
Bibliothèque publique de Brooklyn
/ Brooklyn Public
Library, New York
États-Unis / USA

123. *Lire de l'art*
Reading art
2005
Sagres
Portugal

124. *Elaine lit à Madrid*
Elaine reads in Madrid
2000
Espagne / Spain

125. *Seule dans une nouvelle bibliothèque*
Alone in a new library
1962
Université de Californie /
University of California
États-Unis / USA

127. *Garçon lisant à l'Hôpital pour enfants*
Boy reading in Children's Hospital
1950
Boston
États-Unis / USA

128-129. *Entrecroisés*
Criss-cross
années 1960 / 1960's
Queens, New York
États-Unis / USA

130. *Lisant des listages à deux heures du matin*
Reading printouts at 2 am
1968
Rochester
États-Unis / USA

133. *Lecteur dans un sous-marin*
Submarine reader
1961
Groton, Connecticut
États-Unis / USA

147. *Mère et fille*
Mother and daughter
années 1960 / 1960's
Bibliothèque publique de Brooklyn
/ Brooklyn Public Library,
New York
États-Unis / USA

157. *La sortie des élèves*
Out the door
années 1960 / 1960's
Queens, New York
États-Unis / USA

160. *George dans la chambre obscure*
George in the dark room
2010
Montréal / Montreal
Canada

TABLE DES MATIÈRES

CONTENTS

LIRE UNE PHOTOGRAPHIE 11
READING A PHOTOGRAPH
George S. Zimbel

CHER LECTEUR 17
O GENTLE READER!
Vicki Goldberg

JOURNAL D'UN LECTEUR EN DIX INSTANTANÉS 89
TEN SNAPSHOTS FROM A READER'S LIFE
Dany Laferrière

L'HOMME 135
THE MAN
Elaine Sernovitz Zimbel

BIOGRAPHIES 139

TABLE DES PHOTOGRAPHIES 149
LIST OF PHOTOGRAPHS

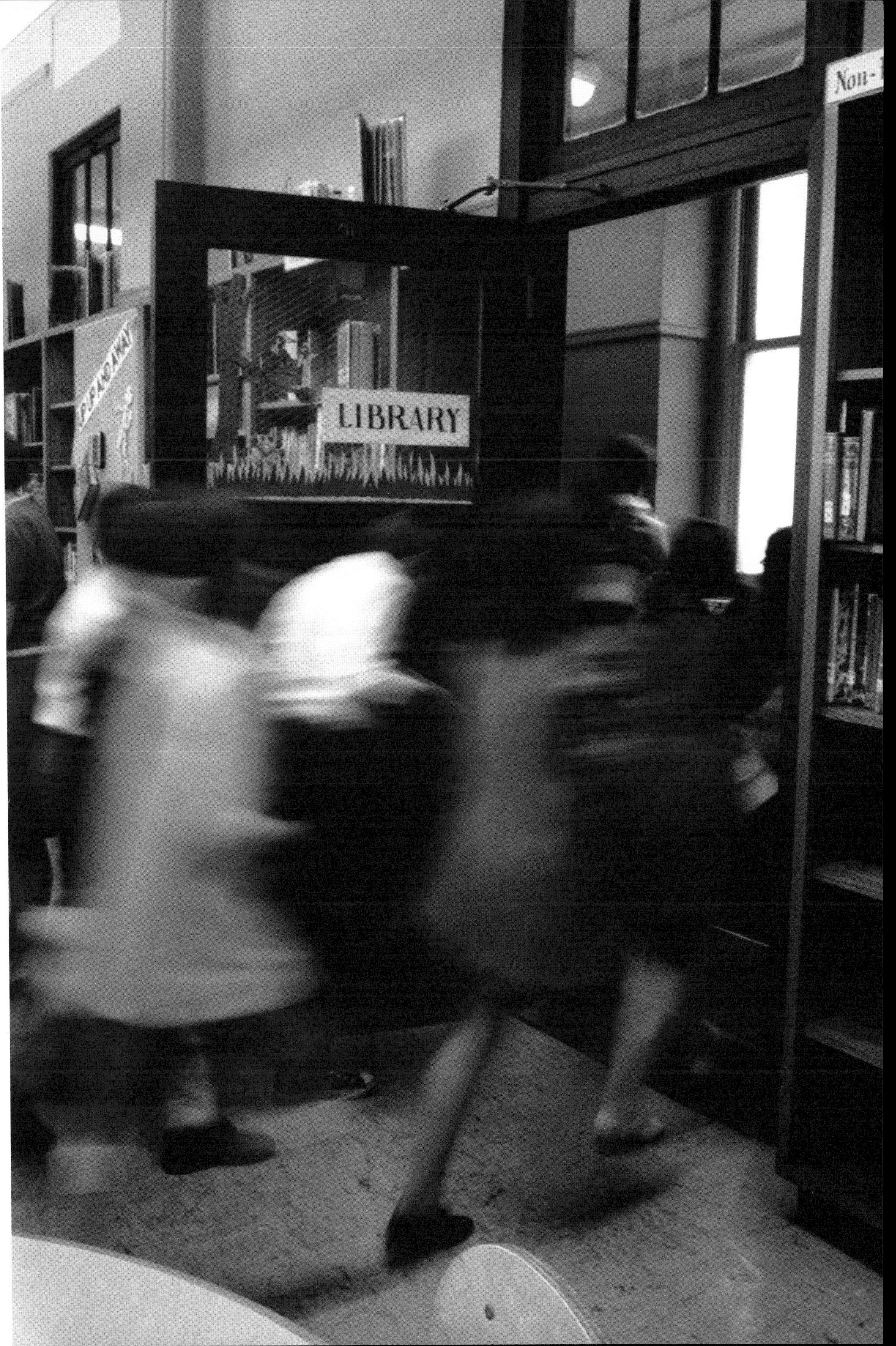
LIBRARY

Achevé d'imprimer
sur les presses de Friesens
Manitoba, Canada
Imprimé sur papier Cougar Naturel Édition lissé 80
Troisième trimestre 2011